CODE CIVIL.

Imprimerie de Hennuyer et Cᵉ, rue Lemercier, 24. Batignolles.

RÉPÉTITIONS ÉCRITES

SUR LA

PRESCRIPTION

CONTENANT

L'EXPOSÉ DES PRINCIPES GÉNÉRAUX,

LEURS MOTIFS

ET LA SOLUTION DES QUESTIONS THÉORIQUES,

PAR

M. FR. MOURLON,

DOCTEUR EN DROIT, AVOCAT A LA COUR D'APPEL DE PARIS.

PARIS

A. MARESCQ, LIBRAIRE-ÉDITEUR,

RUE SOUFFLOT, 17, EN FACE LE PANTHÉON.

1850

CODE CIVIL.

LIVRE III.

TITRE XX.

DE LA PRESCRIPTION.

CHAPITRE PREMIER. — Dispositions générales.

I. *Motifs et utilité de la prescription.* — Quelqu'un s'empare, en votre absence, d'un immeuble qui vous appartient et le possède pendant plusieurs années : comment ferez-vous cesser cette usurpation? En prouvant que vous êtes propriétaire. Mais si les titres qui constatent votre droit sont égarés, comment établirez-vous alors votre prétention? En montrant qu'avant l'usurpation dont vous vous plaignez, vous avez vous-même possédé l'immeuble à titre de propriétaire, paisiblement, publiquement, pendant trente ans. La possession étant naturellement liée au droit de propriété, la loi présume que celui qui a possédé, pendant le temps qu'elle détermine, publiquement et sans contestation de la part de personne, est bien réellement propriétaire. Cette présomption légale, qui supplée à l'absence de votre titre, qui vous en tient lieu, s'appelle en droit : *Prescription acquisitive.*

— Un testateur vous a légué, soit un droit de propriété, soit un droit d'usufruit; vous obtenez la délivrance de votre legs, et vous exercez votre droit de propriété ou d'usufruit paisiblement, publiquement, et pendant le temps légal; plus tard l'héritier du testateur revendique contre vous le droit dont vous avez joui pendant 50 ans : comment vous défendrez-vous? En rapportant le testament qui sert de fondement à votre droit. Mais si ce testament est égaré, quel moyen vous reste-t-il? Un seul! vous direz que ce qui *prouve* votre droit, c'est que vous l'avez exercé pendant trente ans publiquement et sans que personne ait élevé contre vous aucune prétention : si votre possession n'eût été qu'une *usurpation*, votre adversaire l'eût-il soufferte si long-temps? Laisse-t-on par indifférence ou par oubli empiéter sur son droit? Cette indifférence ou cet oubli n'est guère dans les habitudes des propriétaires! C'est donc avec raison que la loi conclut de votre longue, paisible et publique possession, à votre droit de propriété.

Dans la première hypothèse, la présomption de la loi justifie votre action contre le défendeur; dans la seconde, elle justifie votre défense contre le demandeur.

— Votre père s'est libéré d'une dette et a pris quittance; après sa mort, le créancier qui a conservé le titre qui constatait sa créance, vous poursuit en payement de la dette : si la quittance se retrouve dans les papiers de votre

1

père, vous triompherez sans peine de cette injuste poursuite ; mais si
elle est égarée, comment prouverez-vous que la dette a été payée ? En établissant que le créancier est resté trente ans, depuis le jour de l'échéance
de la dette, sans exiger le payement qu'il réclame aujourd'hui. Comme il
n'est pas ordinaire qu'un créancier reste pendant un temps aussi long sans
réclamer ce qui lui est dû, et que les présomptions se tirent *ex eo quod ple-
rumque fit*, la loi voit dans la longue inaction du demandeur la *preuve* que
la dette a été réellement acquittée.

Cette présomption légale, qui supplée à l'absence de la quittance, prouve
ici l'*extinction* du droit réclamé contre vous, comme, dans les espèces précé-
dentes, elle prouve l'*existence* du droit par vous invoqué ; on l'appelle prescription *libératoire*.

La prescription
n'est-elle pas, dans
certains cas, fort
équitable ?

—Dans les différentes hypothèses que nous venons d'examiner, la présomption de la loi est conforme à la vérité, et par conséquent aussi équitable que
rationnelle. Loin de dépouiller personne, elle assure à chacun ce qui lui est
légitimement acquis ; elle protège la bonne foi contre l'injustice et l'erreur.
La *morale* et la *prescription* sont donc ici d'accord, et celui qui use du secours que lui offre la loi ne blesse en rien l'équité naturelle.

N'est-elle pas quel-
quefois injuste ?

Mais il n'en est pas toujours ainsi. Vous avez, pendant l'absence de votre
voisin, *usurpé* son champ ; après de longues années de paisible et publique possession, le propriétaire le revendique : si votre possession a duré
moins de trente ans, vous succomberez ; car pour faire tomber l'action que
votre adversaire justifie, je le suppose, par des actes réguliers, il vous faudrait, ce que vous ne pouvez pas faire dans l'espèce, établir que le droit qu'on
revendique contre vous, vous a été légitimement transmis par le propriétaire,
et rapporter à cet effet un acte de vente ou de donation ; mais si votre possession a duré trente ans, alors cette cause d'acquisition que vous ne pouvez
pas établir par des écrits est *réputée existante* : votre longue possession efface
tout soupçon d'usurpation.

Cependant, cette cause d'acquisition qui est tenue pour vraie n'a, en réalité,
jamais existé ; la présomption de la loi est donc ici contraire à la vérité, et
c'est vous enrichir injustement que l'invoquer contre votre adversaire.

— Votre père meurt, laissant dans sa succession une créance depuis longtemps échue, mais qui n'a pas été acquittée ; soit par ignorance de votre
droit, soit par indulgence pour votre débiteur, vous n'exercez contre lui aucune
poursuite : cette inaction ne vous préjudiciera point, si vous agissez dans les
trente ans à partir du jour de l'échéance de la dette ; car, dans ce cas, le
débiteur ne peut échapper à votre poursuite qu'en justifiant de sa libération
par une quittance, et nous savons qu'il n'en a pas. Mais si trente années se
sont passées sans poursuites, votre longue inaction fait preuve de l'extinction
de la dette. Cependant, ici encore, la présomption de la loi est fautive ; le débiteur qui l'invoque se procure un bénéfice que la morale désavoue.

Pourquoi la loi
l'admet-elle, même
dans ce cas ?

La prescription est donc injuste quelquefois ; mais l'intérêt général, auquel
l'intérêt particulier est toujours subordonné, exigeait impérieusement que l'on
fixât un terme, après lequel il ne fût plus permis d'inquiéter les possesseurs,
de rechercher des droits trop longtemps négligés. Autrement on eût, sous
prétexte d'équité, donné ouverture à une infinité de contestations ; on eût

rendu la propriété incertaine ; tout eût été mis en question et les droits les plus légitimes eussent été compromis. Une institution n'est pas odieuse parce qu'elle peut, dans certains cas, causer quelque mal particulier. Quelle est la règle générale qui n'est sujette à quelques inconvénients ! Si, vous plaçant à un point de vue élevé, vous considérez combien la prescription est utile et le bien qu'elle procure en consolidant la propriété, vous ne serez pas étonnés qu'on l'ait appelée : *Patrona generis humani.*

— En résumé, la loi distingue deux espèces de prescriptions, la prescription *acquisitive* et la prescription *libératoire.*

La première a pour fondement cette présomption, que celui qui jouit d'un droit, qui le possède, en a été réellement investi par une juste cause d'acquisition : on ne l'eût pas laissé jouir si paisiblement et si longtemps, si sa possession n'eût été qu'une usurpation.

La seconde est fondée sur cette présomption, que celui qui cesse d'exercer un droit, qui reste dans l'inaction pendant de longues années, en a été dépouillé par quelque juste cause d'extinction ; que le créancier qui est demeuré si longtemps sans exiger sa dette, en a été payé ou qu'il en a fait remise au débiteur.

Ces présomptions seront fausses dans certains cas ; mais la loi a pensé qu'il était juste que ceux qui, ayant des droits acquis, tardent si longtemps à les faire connaître et à les faire valoir, soient punis de leur négligence. Autrement, rien n'eût été assuré dans la société. La propriété eût été perpétuellement incertaine ; les débiteurs eussent été obligés, sous peine de payer deux fois, de conserver pendant des siècles les quittances qui prouvent leur libération. Ce n'eût été partout que désordre et confusion.

II. *Définition de la prescription.* — Si vous avez bien saisi ce qui vient d'être dit, vous devez comprendre que la prescription n'est rien autre chose que *la présomption légale d'une cause légitime d'acquisition ou de libération d'un droit.*

La présomption légale « est une conséquence que la loi tire d'un fait connu à un fait inconnu » (art. 1349) ; or, c'est précisément ce qui se passe dans la prescription. Quelqu'un revendique un immeuble ; la question à juger est celle-ci : *Quis dominus est ?* Du fait connu, la *possession* continuée pendant le temps légal et avec les conditions prescrites, la loi tire la conséquence que le possesseur est le légitime propriétaire. Un créancier réclame le payement d'une dette échue depuis trente ans : la dette existe-t-elle ? C'est le fait à juger, le fait inconnu. Du fait connu, la longue inaction du créancier, la loi tire la conséquence que la dette n'existe plus.

Ainsi, la prescription n'est pas une *cause* d'acquisition ou de libération ; ce n'est que la *preuve* d'une acquisition antérieure ou d'une libération effective.

Cette observation a un côté pratique que je dois signaler. Le défendeur qui n'a triomphé qu'en invoquant une prescription, doit-il au moins restituer les fruits qu'il a perçus de mauvaise foi ou les intérêts échus dans les années qui ont précédé l'accomplissement du temps requis pour prescrire ?

Si la prescription est une *cause* d'acquisition ou de libération, le demandeur dira : « Vous avez *acquis aujourd'hui* la propriété de l'immeuble qui m'appartenait ; mais hier, mais il y a un an... vous n'en étiez que possesseur ;

vous me devez compte par conséquent des fruits que vous avez perçus de mauvaise foi.

« La prescription vous a libéré aujourd'hui ; mais hier, mais il y a un an... vous étiez encore débiteur ; vous me devez par conséquent tous les intérêts qui ne sont pas prescrits, c'est-à-dire ceux qui sont échus depuis moins de cinq ans (1). »

Si, au contraire, la prescription n'est que la *preuve* d'une acquisition légitime et concomitante au jour de la possession , ou d'une libération effective et concomitante au jour de l'échéance de la dette, le défendeur dira :

« Je ne dois point les fruits que j'ai perçus, car j'étais réellement et légitimement propriétaire de la chose qui les a produits.

« Je ne dois pas d'intérêts, car j'ai réellement et légitimement cessé d'être débiteur du capital, à compter du jour même de l'échéance de ma dette. »

Tout le monde reconnaît que cette prétention du défendeur est fondée ; tout le monde reconnaît donc que la prescription n'est pas une *cause*, mais une *preuve* d'acquisition ou de libération antérieure. Lisez les vieux documents, les orateurs qui ont, au Conseil d'Etat, exposé les motifs de la prescription ou les auteurs qui ont écrit sur le Code, et partout vous la trouverez présentée comme la *présomption* légale d'une acquisition ou d'une libération antérieure. La loi présume que le jour même de la possession, il s'est passé un fait, une vente, une donation... qui a investi le possesseur du droit de propriété ; que le jour de l'échéance de la dette, le débiteur l'a réellement payée ou que le créancier lui en a fait remise.

Cependant, par une bizarrerie inexplicable, le Code définit la prescription : « *Un moyen d'acquérir ou de se libérer* par un certain laps de temps et sous les autres conditions déterminées par la loi. »

Considérée à ce point de vue, la prescription n'est plus seulement une *preuve*, c'est un *mode particulier d'acquérir* ou de se *libérer* (V. les art. 712 et 1234). C'est elle qui *transfère* la propriété au possesseur, en dépouillant le véritable propriétaire ; qui *éteint* la dette, en faisant perdre au créancier le droit d'exiger le payement. Au lieu d'être la sauvegarde des droits légitimes, elle enrichit l'un des dépouilles de l'autre : c'est l'*usurpation* transformée en titre légal de propriété.

Cette définition est regrettable à plus d'un titre. Et d'abord, elle a le tort immense de présenter la prescription sous son aspect le plus odieux ; en second lieu, elle est contradictoire avec le fondement même de la prescription ; car s'il est vrai que c'est la prescription qui, lorsqu'elle s'accomplit, rend le possesseur propriétaire, ou qui éteint la dette, on ne peut plus dire que celui qui a possédé une chose paisiblement et pendant le temps légal est présumé avoir acquis légitimement et à compter de sa possession la propriété de cette chose ; que le débiteur qui n'a pas été poursuivi pendant trente ans, à compter de l'échéance de sa dette, est réputé l'avoir payée le jour même où elle devait l'être. Enfin, elle est souvent contraire à la vérité ; car souvent il arrive, je vous l'ai montré, que la prescription est invoquée par un véritable propriétaire ou par un débiteur réellement libéré.

____

(1) Les intérêts échus se prescrivent par cinq ans, art. 2277.

Il est vrai que, souvent aussi, elle est contraire à la vérité, auquel cas elle est alors par elle-même et par elle seule une *cause* d'acquisition ou de libération ; mais qu'importe ! ce n'était pas à la loi à présumer la fraude et l'injustice, à faire ouvertement de la prescription un moyen légal de s'enrichir aux dépens d'autrui. Il fallait, au contraire, la présenter sous un jour favorable et n'y voir jamais que la *preuve* de faits légitimes depuis longtemps accomplis. Un jugement peut être aussi contraire à la vérité, reconnaître comme propriétaire celui qui ne l'est pas ou comme éteinte une dette encore existante ; dira-t-on pour cela que l'autorité de la chose jugée rend le défendeur propriétaire de la chose revendiquée contre lui, ou qu'elle le libère de la dette pour laquelle il a été poursuivi ?

Les rédacteurs du Code n'ont vu que le côté pratique et vulgaire de la prescription. Abstractivement parlant, les *droits* peuvent exister indépendamment de toute *preuve*. Mais en fait, qu'est-ce qu'un droit qui n'est pas prouvé ? En justice, on n'obtient que ce que l'on prouve ! Là où s'arrête notre preuve, là s'arrête notre droit ! Aussi confond-on souvent en pratique l'acquisition d'une *preuve* avec l'acquisition même du *droit*. Les rédacteurs du Code ont commis la même erreur dans leur définition de la prescription.

Il faut donc, si l'on veut avoir leur véritable pensée sur la prescription, lire ainsi l'art. 2219 : « La prescription est un moyen d'acquérir la *preuve* d'une acquisition ou d'une libération par un certain laps de temps et sous les autres conditions déterminées par la loi. » — Je la définis : *La présomption légale d'une cause légitime d'acquisition ou de libération.*

III. *Des éléments dont se compose la prescription.* — « La prescription, nous dit la loi, est une manière d'acquérir ou de se libérer par un certain *laps de temps et sous les autres conditions déterminées par la loi.* »

Ces autres conditions, qui en s'ajoutant au *laps de temps*, complètent la prescription, diffèrent suivant qu'il s'agit de la prescription *acquisitive* ou de la prescription *libératoire.*

Dans le premier cas, il faut qu'avec le *laps de temps* concoure une *possession* légale de la chose à prescrire. La prescription *acquisitive* est donc : l'*acquisition* (1) *de la propriété d'une chose par la possession légale qu'on en a eue pendant le temps réglé par la loi.*

Dans le second cas, la condition principale, qui doit concourir avec le laps de temps, consiste dans l'inaction du créancier. La prescription libératoire est donc : l'*extinction de l'obligation par l'inaction du créancier continuée pendant le temps réglé par la loi.*

Ainsi, la prescription *acquisitive* se compose de deux éléments principaux : *le laps de temps* et *la possession.* Le laps de temps doit comprendre trente années, à compter de la possession (art. 2262). Dans certains cas, cependant, la prescription s'accomplit par dix ou vingt ans (art. 2265) ; bien plus, lorsqu'il s'agit de *meubles*, la possession, sans le laps de temps, suffit à elle seule (art. 2279).

Lorsque la loi abrége le laps de temps, ou lorsqu'elle en dispense complétement, certaines conditions sont alors nécessaires, qui ne le sont pas dans

____

(1) Selon la mauvaise définition qu'en donne la loi.

Marginalia :

Quelle définition en faut-il donc donner ?

La prescription, nous dit la loi, est une manière d'acquérir ou de se libérer par un certain laps de temps et *sous les autres conditions déterminées par la loi :* quelles sont ces autres conditions,
1° Quant à la prescription *acquisitive*,
2° Quant à la prescription libératoire ?

la prescription trentenaire. Ainsi, on ne peut prescrire par dix ou vingt ans, qu'autant qu'on possède *de bonne foi* et en vertu *d'un juste titre* (art. 2265). La bonne foi est également exigée pour prescrire par la seule possession, indépendamment du laps de temps (arg. tiré de l'art. 1141).

Nous trouvons donc deux éléments seulement dans la prescription *trentenaire*, 1° la possession, 2° le laps de temps; quatre, dans la prescription *décennale* ou *vicennale*, 1° la possession, 2° le laps de temps, 3° la bonne foi, 4° le juste titre; trois, dans la prescription instantanée, 1° la possession, 2° la bonne foi, et, quoique la loi ne le dise pas, 3° le juste titre.

— Deux éléments concourent à la perfection de la prescription *libératoire*: 1° l'inaction du créancier, et 2° le laps de temps; la bonne foi n'est jamais exigée.

Quel est, en général, le temps exigé pour la prescription?

Le laps de temps est de trente ans en général (art. 2262); mais, par exception, certaines prescriptions s'accomplissent par dix, cinq, trois, deux et une années, quelquefois même par six mois (V. art. 1304, 2276, premier alinéa; 2277, 809, 2273, première phrase; 2276, deuxième alinéa, 1676, 2272, 2271); d'autres, plus courtes encore, s'accomplissent par trois, deux ou un mois (art. 516); d'autres enfin par quarante, quinze ou huit jours (art. 2102, 1° et 4°).

Sous ce rapport, les prescriptions ne se divisent-elles pas en *longues* et *courtes* prescriptions?
Quelles différences y a-t-il entre ces deux classes de prescriptions?

— On appelle *longues* prescriptions, celles qui sont de plus de *cinq* ans; et *petites*, celles qui s'accomplissent par *cinq* ans ou par un temps moins long.

Deux différences séparent les *longues* des *petites* prescriptions.

1° Les premières n'exigent que le laps de temps et l'inaction du créancier, tandis que, parmi les secondes, quelques-unes demandent une troisième condition, *la prestation de serment* par le créancier (art. 2295).

2° Les longues prescriptions sont suspendues pendant la minorité ou l'interdiction du créancier (art. 2252), tandis que les petites courent même contre les mineurs et interdits (art. 2278).

Quels sont les droits auxquels s'applique la prescription acquisitive?

IV. *Des droits qui sont prescriptibles et de ceux qui ne le sont point; en d'autres termes, quels sont les droits auxquels s'applique la prescription acquisitive ou la prescription libératoire.* — La prescription acquisitive s'applique :

1° À la pleine propriété;

S'applique-t-elle aux servitudes réelles?
Aux servitudes personnelles?

2° Aux servitudes réelles, lorsqu'elles sont tout à la fois continues et apparentes (art. 690);

3° Aux droits d'usufruit, d'usage ou d'habitation : la loi ne le dit pas expressément, mais cela résulte par *à fortiori* de ce qui est dit des servitudes réelles, car l'usufruit ou l'usage se rapproche bien plus du droit de propriété qu'une simple servitude prédiale;

4° Au droit d'hérédité (V. l'explic. de l'art. 137);

En quel sens est-il vrai de dire qu'elle s'applique au droit d'hypothèque?

5° Au droit d'hypothèque; en ce sens que le possesseur d'un immeuble hypothéqué peut, par une possession prolongée de l'immeuble, acquérir l'affranchissement de l'hypothèque dont il est grevé (V. l'expl. de l'art. 2180).

Sous un autre rapport, n'est-elle pas inapplicable à l'hypothèque?

— Sous un autre rapport la prescription acquisitive ne s'applique point à l'hypothèque; elle ne s'y applique point, en ce sens qu'elle ne peut point *créer*, *constituer* une hypothèque. J'ai fait inscrire sur votre immeuble une hypothèque inexistante; cette inscription existe depuis trente ans; je l'ai renouvelée deux, trois et quatre fois; j'ai fait, en un mot, tout ce que font les créanciers hypothécaires : l'hypothèque n'est pas acquise.

Et, en effet, prescrire un droit réel, c'est l'acquérir en le possédant (art. 2229). Or, l'hypothèque n'est pas, dans le système de la loi, *susceptible de possession proprement dite*; j'en trouve la preuve dans l'art. 2180 : il y est dit que lorsqu'un immeuble hypothéqué est possédé par un tiers, la prescription court contre l'hypothèque, *encore que le créancier la fasse inscrire* ou *en renouvelle l'inscription*; le créancier qui s'inscrit ou qui renouvelle une inscription *ne possède donc pas*, par cela même, son hypothèque, car s'il la possédait en agissant ainsi, la prescription ne courrait pas contre lui !

La prescription acquisitive ne s'applique point :

1° Aux servitudes continues qui ne sont pas apparentes ;

2° Aux servitudes apparentes qui ne sont pas continues (V. l'explic. de l'art. 2232);

3° Aux créances et aux rentes. Convaincu, mais à tort, que vous me devez telle somme d'argent, vous m'en avez payé l'intérêt pendant trente ans; j'ai fait, pendant ce temps, des actes conservatoires; j'ai fait, en un mot, ce que font tous les créanciers : la créance n'est point acquise.

Tous les articles de notre Code où il est traité de la prescription *acquisitive* sont, en effet, relatifs à la PROPRIÉTÉ (art. 2229, 2236, 2238, 2265) ou à ses démembrements (art. 690); aucun texte ne traite directement ou indirectement de la prescription acquisitive des créances.

4° Au droit d'hypothèque, en ce sens qu'elle ne peut point servir à le constituer, à le créer (V. n° 5).

— La prescription *libératoire* s'applique :

1° Aux créances et aux rentes (art. 2262);

2° Aux servitudes personnelles (art. 617 et 625);

3° Aux servitudes réelles (art. 706; v. toutefois, quant aux servitudes continues, l'explic. de l'art. 707);

4° Au droit de succession (V. l'explic. de l'art. 789).

Elle ne s'applique point au droit de pleine propriété. — Les créances et les démembrements du droit de propriété s'éteignent par cela seul que celui qui est nanti de ces droits néglige de les exercer pendant le temps prescrit par la loi. Il n'en est pas de même de la pleine propriété ; le non-exercice de ce droit, si prolongé qu'il soit, ne l'anéantit point. Votre champ est resté inculte pendant trente, quarante, cent années et plus; peu importe! Il est encore, il est toujours à vous. Votre droit s'est conservé par la seule force de votre volonté. Pour le perdre, il faut qu'un autre l'acquière, en l'exerçant à votre place, en *le possédant* pendant le temps requis par la loi pour la prescription.

V. *Des biens imprescriptibles.* — Il ne suffit pas qu'un droit soit en lui-même susceptible d'être acquis par prescription (1), il faut encore que la chose possédée, c'est-à-dire sur laquelle le droit s'exerce, soit susceptible

---

(1) Il y a des droits qui ne sont point susceptibles d'être acquis par prescription; telles sont, par exemple, les servitudes réelles non apparentes ou non continues (art. 691).

d'être l'objet de ce droit. Ainsi, c'est vainement que vous exercez un droit de propriété, d'usufruit ou de servitude sur un bien qui n'est pas susceptible de propriété privée ; votre possession, si longue qu'elle soit, ne peut pas vous faire acquérir un droit qu'un simple particulier ne peut pas avoir.

Pourquoi les biens qui sont hors du commerce sont-ils imprescriptibles ? — Les biens *hors du commerce* ne peuvent pas appartenir à des particuliers ; ils sont donc imprescriptibles.

Mais quels sont les biens qui ne sont pas dans le commerce? A quel signe les reconnaîtrez-vous? J'aurais désiré vous donner une formule générale pour vous guider, mais je n'en ai point trouvé. Je vous citerai, à titre d'exemple :

Quels biens sont hors du commerce ? — 1° Les biens faisant partie du *domaine public*, c'est-à-dire les biens destinés à l'usage commun des citoyens et que l'État doit entretenir dans ce but, comme les routes et les rues à la charge de l'État, les fleuves et rivières navigables ou flottables, les rivages de la mer, les ports, les havres et les rades (art. 538). Font encore partie du domaine public les biens dont le gouvernement use par lui-même dans un but d'utilité générale, comme les portes, murs, fossés et remparts des places de guerre, les fortifications, les édifices consacrés aux séances des autorités publiques (art. 540).

2° Les biens des départements et des communes, lorsque ces biens sont affectés à un usage public, tels que les routes départementales, les chemins vicinaux, les églises, les hospices, les cimetières, les hôtels-de-ville, les prisons, les places et promenades.

Les biens de l'État, des communes et des établissements publics sont-ils prescriptibles ? **Pourquoi la loi a-t-elle cru devoir s'expliquer sur ce point ?** — Les biens de l'État, des établissements publics et des communes sont prescriptibles de la même manière que ceux des particuliers. La loi s'explique expressément sur ce point, parce qu'elle établit, à l'égard de ces personnes civiles, un droit tout nouveau. Selon notre ancienne jurisprudence, les biens de l'État étaient *inaliénables* et par suite *imprescriptibles*. La loi du 22 novembre 1790 les déclara *aliénables*, ce qui les rendit *prescriptibles*; mais la prescription ne s'accomplissait que par quarante ans. Le Code n'admet même pas ce dernier privilége : les biens de l'État sont prescriptibles, comme ceux des particuliers, par trente ans, ou même par dix ou vingt ans, avec juste titre et bonne foi.

Les communes et les établissements publics avaient aussi leurs priviléges; leurs biens, comme ceux de l'État, ne se prescrivaient que par quarante ans. Aujourd'hui ces personnes civiles sont assimilées à des particuliers, et leurs biens se prescrivent conformément au droit commun.

Y a-t-il contradiction entre l'art. 2227, qui permet la prescription des biens de l'État, des communes et des établissements publics, et l'art. 2226, qui prohibe la prescription des biens qui ne sont pas dans le commerce ? — Il semble qu'il y ait contradiction entre l'art. 2227 qui permet de prescrire les biens de l'État, des communes et des établissements publics, et l'art. 2226 qui prohibe la prescription des biens qui ne sont pas dans le commerce; cette contradiction cependant n'est qu'apparente. L'État, en effet, a deux sortes de biens : les uns sont destinés à sa défense, comme les places de guerre..., ou à l'usage commun des citoyens, comme les routes, les ports...; les autres ne sont affectés ni à sa défense, ni à un usage public; ce sont, en quelque sorte, des biens privés, dont l'État, comme un simple particulier, perçoit les revenus, pour les employer à ses besoins : tels sont les bois, prés, vignes, terres labourables, et les biens mobiliers composant les successions qu'il acquiert par droit de déshérence (V. art. 35), ou qui lui sont donnés par des particuliers. Les premiers composent le *domaine public*. Leur destination est cause qu'ils sont hors du commerce, non susceptibles de propriété privée, et par conséquent imprescriptibles : l'art. 2226 les régit. Les seconds composent le *domaine privé* de l'Etat, et comme ils sont aliénables sous certaines conditions, ils sont également prescriptibles : c'est d'eux dont parle l'article 2227.

— L'*inaliénabilité* des biens n'a pas pour corrélatif nécessaire leur *imprescriptibilité*. Le plus souvent, il est vrai, les biens *inaliénables* sont *imprescriptibles*; mais le contraire a lieu quelquefois. Ainsi, les immeubles dotaux sont *prescriptibles*, à partir de la séparation de biens, quoique pourtant ils demeurent *inaliénables* jusqu'au jour de la dissolution du mariage (V. l'explic. de l'art. 1561).

L'*aliénabilité* des biens, au contraire, a toujours pour corrélatif nécessaire leur *prescriptibilité* : tout bien qui est *aliénable* est *prescriptible*. — Notez, toutefois, que tel bien qui est aliénable par sa nature, devient momentanément imprescriptible, lorsqu'il appartient à une personne au profit de laquelle la loi suspend le cours de la prescription, par exemple à un mineur ou à un interdit (art. 2252).

IX. *Des effets de la prescription.* — Nous examinerons séparément les effets de la prescription *acquisitive*, et ceux de la prescription *libératoire*.

1° *Des effets de la prescription acquisitive.* — Vous avez possédé un immeuble pendant trente ans, paisiblement, publiquement et sans interruption : la propriété de cet immeuble vous est-elle acquise? Pas encore ! à toutes ces conditions de temps et de possession doit s'en joindre une autre pour compléter le fait juridique, d'où naît la présomption d'une cause préexistante d'acquisition ; cette autre condition consiste dans l'emploi public et solennel que vous devez faire vous-même du secours que la loi a mis à votre disposition. Votre possession, jointe à la longue inaction du demandeur, fait naturellement présumer que le droit que vous avez exercé pendant un aussi long temps est réellement à vous; cependant cette présomption, toute rationnelle qu'elle est, peut être contraire à la vérité; il se peut que votre possession ne soit qu'une usurpation. Or, si vous n'invoquez point, pour vous défendre contre celui qui se prétend propriétaire, le secours que la loi met à votre disposition, ne doit-on pas naturellement supposer que votre consience le repousse comme injuste? Si le droit réclamé était réellement à vous, vous n'hésiteriez pas à faire usage du seul moyen qui vous reste, pour éviter une injuste éviction. Votre silence est donc une autre présomption qui vient détruire celle qui est attachée à votre longue possession. En conséquence, la loi veut que, sans tenir compte de la prescription, les juges décident la question de propriété par les preuves ordinaires, au moyen des titres qui sont fournis de part et d'autre; c'est ce qu'exprime l'art. 2223, lorsqu'il dit « que les juges ne peuvent pas suppléer d'office le moyen tiré de la prescription. » Que si, au contraire, vous l'invoquez vous-même, afin d'établir votre droit, la bonne foi étant toujours présumée, cet usage public que vous faites du secours qui vous est offert par la loi est une autre présomption qui corrobore celle qui résulte de votre possession. Celle-ci acquiert alors une si grande force qu'il n'est pas permis aux juges de la repousser, lors même qu'ils ont personnellement la conscience qu'elle est contraire à la vérité : sa force probante est égale à celle qui résulterait d'un titre parfaitement en règle.

Cette théorie est bien simple : lorsque les conditions de temps et de possession sont accomplies, la prescription n'est complète qu'autant qu'elle est invoquée par le possesseur : jusque-là les effets qu'elle peut produire sont en suspens, subordonnés à la condition qu'elle sera invoquée. Le possesseur néglige-t-il d'en faire usage, ou y renonce-t-il, la condition est défaillie et la prescription considérée comme non avenue. L'invoque-t-il, la dernière condition est accomplie, et sa réalisation, en complétant la prescription, lui fait produire *rétroactivement* tous les effets dont elle est susceptible.

Ainsi la prescription ne produit pas ses effets de plein droit : il faut qu'elle soit invoquée pour être efficace.

La renonciation à une prescription acquisitive, dont le temps est complet, constitue-t-elle une donation?

De là cette règle fort importante : la renonciation à la prescription acquisitive constitue, non pas une *donation* ou *contre-aliénation*, mais une *restitution* de la chose d'autrui. Le renonçant aurait pu *acquérir* en invoquant la prescription, mais il ne l'a pas voulu. Il ne *cesse* point d'être propriétaire, puisqu'il ne l'a jamais été ; le demandeur ne *devient* point propriétaire, puisqu'il n'a jamais cessé de l'être : il *reprend* l'immeuble, non pas en vertu d'un titre nouveau, mais en vertu de son droit préexistant.

Quelles conséquences résultent du principe que cette renonciation ne constitue point une donation?

Du principe que la renonciation à une prescription qu'on est en droit d'invoquer ne constitue pas une *donation* ou *contre-aliénation*, il suit : 1° que le droit de mutation n'est pas dû ; — 2° que l'immeuble recouvré n'est point soumis au rapport, alors même que celui qui l'a repris est devenu l'héritier du renonçant ; — 3° qu'il n'entre point dans le calcul de la réserve due aux héritiers du possesseur qui a fait la renonciation ; — 4° que la renonciation peut être faite au profit d'un incapable de recevoir à titre gratuit ; — 5° qu'elle peut être faite par acte sous seing privé et même tacitement.

Quel effet la prescription acquisitive produit-elle, lorsqu'elle est invoquée?

— La prescription acquisitive, lorsqu'elle est invoquée, produit son effet rétroactivement : le possesseur est réputé avoir acquis légitimement la propriété, le jour où sa possession a commencé.

Lorsque le temps de la prescription libératoire est complet, la dette est-elle, dès cet instant, éteinte?

Que faut-il donc encore pour qu'elle le soit?

2° *Des effets de la prescription libératoire.*—Nous retrouvons ici la même théorie. La présomption de libération, résultant de la longue inaction du créancier, doit être corroborée par l'usage que vous en faites en l'invoquant. Votre libération est donc subordonnée à la condition que la prescription sera par vous invoquée. Tant qu'elle ne l'est pas, *nul effet n'est produit,* quoique le laps de temps exigé par la loi soit définitivement accompli.

Quelle différence y a-t-il entre le moyen tiré de la prescription libératoire et les autres moyens de défense?

Le moyen tiré de la prescription libératoire ne ressemble donc pas aux autres moyens de défense. Ainsi, après avoir payé et pris quittance, vous êtes poursuivi par l'ancien créancier ; vous faites défaut, mais le juge retrouve dans les pièces produites au procès la quittance d'où résulte la preuve de votre libération : devra-t-il vous condamner? Non ; car il a la preuve que la prétention du demandeur n'est pas fondée, et l'article 450 du Code de procédure veut que le défendeur absent ne soit condamné, qu'autant que les conclusions du demandeur sont *justes* et bien *vérifiées.* Le juge suppléera donc d'office le moyen tiré du *payement.* Mais s'il n'existe au procès aucune pièce constatant à votre profit une cause de libération, vous serez condamné, quoique absent, et bien que le juge reconnaisse que le temps de la prescription est accompli; car il n'a pas le droit de suppléer d'office le moyen tiré de la prescription (art. 2224).

— Vous payez une dette éteinte par payement, remise de dette, etc. : ce payement, s'il est fait sciemment, n'est rien autre chose qu'une libéralité rapportable, réductible et sujette aux règles sur la capacité de donner et de recevoir. Mais le payement que vous faites, après que le temps de la prescription est accompli, est un *payement véritable* qui n'a *rien de gratuit* et qui par conséquent ne donne lieu ni à rapport, ni à réduction. J'ajoute qu'il est valable, alors même qu'il est fait à une personne incapable de recevoir à titre gratuit, et par exemple à un mort civilement.

Le payement d'une dette, après que le temps de la prescription est complet, constitue-t-il une donation?

—Vous renoncez à la prescription, mais sans payer immédiatement : cette renonciation ne crée pas une obligation nouvelle; car votre dette originaire n'a jamais été éteinte. C'est elle qui survit dans toute sa force, dans toute son intégralité primitive : votre renonciation n'est rien autre chose que l'aveu de votre dette.

La renonciation à une prescription libératoire, dont le temps est complet, fait-elle naître une nouvelle obligation?

— La prescription libératoire, *lorsqu'elle est invoquée*, produit son effet *rétroactivement*; la loi présume que vous avez payé votre dette le jour même de son échéance.

Quel effet la prescription libératoire produit-elle, lorsqu'elle est invoquée?

— Vous avez triomphé d'une action en invoquant la prescription : pouvez-vous, *même après le jugement qui a reconnu votre libération*, renoncer à la prescription et payer valablement?

Si la dette est mobilière, ce que je suppose, le payement sera maintenu; mais à quel titre le sera-t-il? Sera-ce à titre de *payement* ou à titre de *donation?* Là est la question.

Pour la résoudre, il faut préalablement en résoudre une autre. La prescription *qui a été invoquée* éteint-elle seulement la dette *civile*, ou tout à la fois la dette *naturelle* et la dette *civile?* Au premier cas, la prestation qui a été faite ne sera qu'un *payement ordinaire*, car l'exécution volontaire d'une dette naturelle est rangée sous la rubrique des *payements proprement dits* (art. 1235); au second, il y aura *donation* par tradition manuelle, car aucune dette civile ou naturelle n'aura été éteinte.

Vous avez triomphé d'une action mobilière en invoquant la prescription; cependant, vous payez la dette pour laquelle vous avez été poursuivi : ce payement constitue-t-il une donation?

En d'autres termes, la prescription qui a été invoquée éteint-elle tout à la fois la dette naturelle et la dette civile?

Pour moi, je pense que la dette naturelle subsiste encore, même après que la prescription a été invoquée et confirmée par jugement. J'appelle, en effet, dette naturelle, celle dont la preuve a paru au législateur si difficile ou si dangereuse, qu'il a cru devoir n'admettre, pour la prouver, d'autre moyen que l'aveu du débiteur (V. l'explic. de l'art. 1235, deuxième examen, p. 582 et s.).

Cela posé, voyons notre espèce. Le débiteur a invoqué la prescription et le juge a reconnu sa libération : le voici désormais protégé contre toute poursuite, par la double présomption résultant de la prescription et de l'autorité de la chose jugée. Il se peut, cependant, que sa dette n'ait jamais été éteinte; si la loi ne permet pas qu'on vérifie ce point, c'est uniquement à cause des difficultés et surtout des dangers dont est environnée une telle preuve; mais ces difficultés n'existent plus, tout danger disparaît, si le débiteur, renonçant à la présomption qui le protége, vient avouer sa dette et reconnaître la légitimité du droit dont il avait injustement triomphé. Cet aveu restitue à son obligation la force civile que paralysait la présomption légale de son inextinction. Dès cet instant, les choses sont remises dans leur état originaire;

le créancier peut exiger le payement de la dette, et si le débiteur paye volontairement, la prestation qu'il fait n'est pas une *libéralité*: c'est un acte *à titre onéreux*, un payement ordinaire qui n'est, ni pour le fond, ni pour la forme, soumis aux règles concernant les dispositions à titre gratuit (V. l'expl. de l'art. 1235, p. 582, 2° examen).

La renonciation à une prescription acquisitive faite après le jugement qui a débouté le demandeur, constitue-t-elle une donation ?

— La même théorie s'adapte sans peine à la prescription acquisitive. La renonciation faite, *même après le jugement* qui a débouté le demandeur en revendication, n'est qu'une *restitution de la chose d'autrui*; car par cette renonciation la présomption légale, résultant de la chose jugée, est considérée comme non avenue.

— Mais, bien entendu, toute partie intéressée pourra, dans l'un ou l'autre cas, établir en fait que la renonciation à la prescription n'est qu'une libéralité déguisée sous l'apparence d'une restitution, de la même manière qu'on peut prouver qu'une libéralité a été faite sous la forme d'une vente, d'une quittance ou de toute autre opération à titre onéreux.

Art. 2220.

Est-il permis de renoncer à l'avance à la prescription ? La renonciation antérieure au commencement de la prescription produit-elle quelque effet ? Pourquoi est-elle nulle ?

X. *Des renonciations à la prescription.* — La renonciation peut avoir lieu : 1° avant le commencement de la prescription ; 2° pendant qu'elle court; 3° après qu'elle est acquise. J'examinerai successivement les trois cas.

1° *Renonciation antérieure au commencement de la prescription.* — Vous empruntez une somme d'argent et vous renoncez, dans l'acte même qui constate votre dette, au droit de vous libérer par prescription : cette renonciation est considérée comme non avenue; mais pourquoi ? Ce n'est pas, comme on l'a dit, parce qu'il est défendu de renoncer à un droit non encore ouvert; car la loi ne défend nulle part de traiter sur choses futures, sauf l'exception relative aux successions non encore ouvertes. La loi n'en tient aucun compte, parce qu'il y a dans une renonciation faite à l'avance quelque chose qui trouble le bien public, qui encourage la faute ou l'incurie, et déroge à une loi d'utilité générale : *Jus publicum pactis privatorum mutari non potest* (art. 6). Sans cette prohibition, la clause de renonciation serait devenue de style dans les contrats ; car quel futur débiteur eût osé refuser à son futur créancier l'insertion d'une clause qui semble si conforme à l'honneur ? La prescription n'eût donc plus été, en réalité, qu'un principe à peu près illusoire !

La renonciation faite pendant le cours d'une prescription commencée est-elle absolument nulle ?

2° *Renonciation faite pendant le cours de la prescription.* — Cette renonciation est-elle nulle ou valable ? Il faut distinguer. Elle est valable *quant au passé*, de nul effet *pour l'avenir*.

Elle est valable *quant au passé*... Et, en effet, la renonciation à une prescription commencée renferme une reconnaissance tacite de l'existence du droit sujet à extinction, ce qui constitue un cas d'*interruption* (art. 2248); or, l'*interruption* survenue dans le cours d'une prescription rend inutile et comme non avenu tout le temps *antérieur* (V. p. 47 et 48, la théorie de l'*interruption*).

Elle est nulle et de nul effet *pour l'avenir*... car l'art. 2220 défend les renonciations anticipées, comme contraires à l'ordre public.

Ainsi, la renonciation à la prescription déjà commencée, mais non encore acquise, vaut comme interruption de prescription ; elle rend inutile le temps antérieur, mais sans empêcher le renonçant de prescrire de nouveau.

La théorie des re-

— La théorie des renonciations anticipées s'applique à la prescription ac-

quisitive comme à la prescription *libératoire*; elle fait, en effet, partie des dispositions générales. Mais quel cas faut-il supposer pour en faire l'application à une prescription *acquisitive?* Ces cas sont assez rares ; je puis cependant vous en citer quelques-uns.

nonciations antici-pées s'applique-t-elle à la prescription acquisitive? .

1° Je laisse un voisin ouvrir des jours d'aspect sur mon terrain, mais j'exige de lui qu'il me donne, pour ma sûreté, un titre par lequel il renonce au droit d'acquérir cette servitude par prescription ; trente ans se passent sans réclamation de ma part : la servitude est acquise ; car cette renonciation au droit de prescrire est frappée d'impuissance par la prohibition de l'article 2220.

2° Un possesseur a, par un acte fait avec une personne qui est sur le point d'agir en revendication contre lui, renoncé au droit de prescrire : cette renonciation efface bien le temps qui a précédé, mais n'empêche pas de prescrire de nouveau.

Le possesseur qui renonce au droit de prescrire se constitue-t-il, par là même, possesseur précaire?

Quelques personnes pensent cependant que cette renonciation, et en général que la renonciation par un possesseur quelconque, est valable et empêche la prescription de courir. En effet, disent-elles, n'est-ce pas reconnaître le droit du propriétaire que de renoncer au droit de prescrire contre lui ? Evidemment ! Or, reconnaître le droit du propriétaire, c'est se constituer *possesseur précaire*, et par conséquent se placer dans l'impossibilité de prescrire par quelque laps de temps que ce soit (V. art. 2256).

Je n'admets point cette théorie. Reconnaître le droit du propriétaire et se constituer *possesseur précaire* sont deux faits bien différents. Le possesseur *précaire*, le fermier, par exemple, possède, non pour lui, mais pour le compte de celui avec lequel il a contracté ; il n'a pas la possession *animo domini*, cette possession civile qui seule peut conduire à la prescription (V. art. 2229). Mais celui qui s'est borné à reconnaître le droit du propriétaire continue de posséder *animo domini*, pour son propre compte ; il peut donc prescrire. Seulement, comme la reconnaissance du droit de celui contre lequel il prescrivait, est un cas *d'interruption* (art. 2248), la possession antérieure, s'il en existait une, ne doit pas être comptée (1).

3° *Renonciation faite après que le temps de la prescription est accompli, ou même après le jugement qui a débouté le demandeur.* — Cette renonciation est permise ; elle ne porte, en effet, aucune atteinte au repos et à la sûreté de l'Etat ; l'intérêt général n'en souffre point, car la société n'a qu'à gagner à cet acte de conscience, à cette restitution du bien d'autrui.

La renonciation à une prescription dont le temps est complet est-elle permise? Pourquoi l'est-elle?

Considérez en outre que cette renonciation est toujours faite *librement*, puisque le renonçant fait ici la loi au lieu de la recevoir, tandis que la renonciation anticipée, si le Code l'eût permise, eût été, le plus souvent, imposée par la dépendance naturelle où se trouve un futur débiteur à l'égard de son futur créancier.

— Je rappelle que l'effet de cette renonciation est de faire considérer

Quel effet produit-elle?

(1) Je dois dire cependant que la théorie contraire a été soutenue par M. Bigot-Préameneu dans son discours au Conseil d'État. Suivant lui, c'est se constituer possesseur *précaire* et se mettre dans l'impossibilité de prescrire jamais que renoncer au droit de prescrire contre le propriétaire.

le temps antérieur comme non avenu, et de replacer les choses dans l'état où elles étaient au commencement de la prescription. Le possesseur n'a jamais été propriétaire ; le débiteur n'a jamais été libéré ; et le payement de la dette ou la restitution de la chose possédée ne constitue ni libéralité ni contre-aliénation. Si la renonciation n'est pas accompagnée de payement ou de restitution, le temps antérieur est effacé, mais la prescription recommence de courir à la date de la renonciation : ce n'est alors qu'une *interruption* de prescription.

En résumé : 1° la renonciation antérieure au commencement de la prescription ne produit aucun effet ; 2° la renonciation faite pendant le cours d'une prescription vaut comme *interruption* : le temps antérieur ne compte pas ; mais la prescription reprend son cours à la date de la renonciation ; 3° le résultat est le même, lorsque la renonciation est faite après que le temps de la prescription est accompli.

Art. 2221.
Comment se fait la renonciation ?

Comment se fait la renonciation. — Elle est *expresse* ou *tacite.* La renonciation expresse peut être prouvée soit par acte authentique, soit par acte sous seing privé, soit par témoins, s'il existe un commencement de preuve par écrit (art. 1345), ou même sans commencement de preuve, si le droit sujet à prescription ne dépasse pas 150 fr. (V. art. 1341).

Quels faits la font présumer ?

La renonciation tacite résulte de certains faits qui renferment implicitement la reconnaissance du droit sujet à prescription. Ainsi, le *débiteur* renonce tacitement :

1° Lorsqu'il paye soit intégralement, soit *partiellement* la dette sujette à la prescription, pourvu que, dans le dernier cas, il soit bien démontré que le payement a été fait *à titre d'à-compte*;

2° Lorsqu'il donne une hypothèque ou une caution ;

3° Lorsqu'il demande un terme soit extrajudiciairement, par exemple par lettre, soit judiciairement, conformément au principe de l'article 1244.

De même le *possesseur* renonce tacitement :

1° Lorsqu'il achète du propriétaire une servitude sur l'immeuble possédé ;

2° Lorsqu'il le prend à bail ;

3° Lorsqu'il figure comme témoin dans un contrat par lequel le propriétaire le vend ou le donne à un tiers.

Je cite ces faits à titre d'exemples, car la preuve d'une renonciation peut résulter de bien d'autres faits dont l'application est confiée à la sagesse des juges.

Art. 2222.
Quelle capacité faut-il avoir pour renoncer à une prescription ?
Pourquoi faut-il être capable *d'aliéner* ?

—*Quels sont ceux qui sont capables de renoncer.*—Renoncer à une prescription, c'est reconnaître le droit d'autrui ; la renonciation ne constitue, par conséquent, ni obligation nouvelle, ni contre-aliénation.

D'où vient donc que la loi exige, pour sa validité, que le renonçant soit capable *d'aliéner?* Est-ce donc aliéner que de renoncer au droit de s'enrichir aux dépens d'autrui? Cette difficulté ne vous embarrassera pas, si vous vous rappelez que la prescription est souvent le seul moyen qu'on ait de prouver soit une libération effective, soit une juste cause d'acquisition. L'invoquer, dans ce cas, ce n'est pas prendre le bien d'autrui, mais défendre le sien contre la ruse et la mauvaise foi. Or, comment l'incapable saurait-il distinguer si la prescription est juste ou injuste? Il s'agit là d'une question de conscience qu'il ne peut résoudre légitimement, puisqu'il ne jouit pas d'un discernement libre et éclairé.

— Remarquez que notre article ne parle que d'une renonciation à une prescription *acquise*. Faut-il en conclure que les incapables peuvent valablement renoncer à la prescription *commencée*, mais non encore *acquise*, c'est-à-dire *au temps qui a couru?* Pothier tient pour l'affirmative ; mais je ne crois pas que son opinion soit bien fondée, car cet abandon du temps qui a couru constitue, de la part du renonçant, un aveu qui lui serait préjudiciable, s'il pouvait lui être opposé ; or, un incapable ne peut pas valablement faire un acte contraire à ses intérêts !

[Un incapable peut-il valablement renoncer à une prescription qui n'est que commencée ?]

— Un tuteur, qui est dûment autorisé, peut-il, au nom du mineur, ou de l'interdit, renoncer à une prescription *acquise?* Pothier lui refuse cette capacité, et ici je partage son avis. La renonciation à une prescription acquise ne se conçoit, en effet, qu'autant qu'elle émane de la conscience même de la personne directement intéressée.

[Le tuteur dûment autorisé peut-il valablement renoncer à une prescription acquise ?]

Mais le tuteur peut-il renoncer à une prescription commencée et non encore acquise? Evidemment ; car il a pleine capacité pour payer; et payer c'est reconnaître l'existence de la dette, et par conséquent renoncer à la prescription. D'ailleurs que gagnerait-on à lui refuser cette capacité? Le créancier ou le propriétaire pourrait toujours rendre inutile le temps qui a couru, par un acte judiciaire, dont les frais retomberaient, en définitive sur l'incapable !

[Peut-il renoncer à une prescription qui n'est que commencée ?]

XI. *De la défense faite aux juges de suppléer d'office le moyen résultant de la prescription.* — Deux motifs justifient cette prohibition :

1° La loi, considérant que la présomption qui résulte de la possession; ou de l'inaction du créancier jointe au laps de temps, peut être fautive, veut qu'elle soit corroborée par l'emploi qu'en fait celui qui doit en bénéficier ; tant que le défendeur ne l'invoque pas, la loi doute de l'acquisition du droit ou de l'extinction de la dette, et le juge doit douter comme elle, car il n'est que l'organe de la loi (V. ce que j'ai dit à ce sujet p. 9 et suiv.).

[Art. 2223. Les juges peuvent-ils suppléer d'office le moyen résultant de la prescription ? Pourquoi ne le peuvent-ils pas ?]

2° En suppléant d'office la prescription, les juges l'appliqueraient souvent dans des cas où elle ne doit pas l'être, car elle a pu être interrompue par des actes extrajudiciaires, dont ils ignorent presque toujours l'existence.

— Les juges ne peuvent point suppléer d'office le moyen résultant de la prescription, *même dans l'intérêt d'un incapable ou d'un absent.* Le ministère public, au contraire, a qualité à cet effet. Il lui est permis de faire valoir, dans les conclusions qu'il donne sur les affaires qui lui sont communiquées (art. 83 C. pr.), la prescription que les incapables ou leurs représentants n'invoquent point. La loi veut, en effet, qu'il examine l'affaire et soit entendu, afin qu'il défende ceux qui sont impuissants à se protéger eux-mêmes ; or, comment les protégerait-il efficacement, s'il lui était défendu de présenter en leur nom le seul moyen qu'ils aient peut-être de repousser une poursuite injuste! J'ajoute que si le ministère public n'invoquait point la prescription que le représentant de l'incapable néglige de faire valoir, le jugement serait rescindable par la voie de la requête civile (art. 481 C. pr.); or, ne vaut-il pas mieux prévenir un dommage que d'être obligé de le réparer !

[Le peuvent-ils dans l'intérêt des incapables ou des absents ? Le ministère public ne le peut-il pas, au contraire ?]

La règle que les juges ne peuvent point suppléer d'office le moyen résultant de la prescription est-elle *absolue*?

— Le principe que les juges ne peuvent point suppléer d'office le moyen résultant de la prescription ne s'applique qu'*en matière civile*. En matière *criminelle*, les juges doivent acquitter l'accusé, lorsque le crime pour lequel il est poursuivi est prescrit ; ils le doivent, alors même que l'accusé n'invoque point la prescription. C'est qu'en cette matière la prescription est d'ordre public ; l'intérêt bien entendu de la société exige qu'un délit ancien, dont les traces sont effacées sans doute, soit oublié.

L'auteur d'un délit peut-il renoncer à la prescription de l'*action publique*?

Quid, quant à l'action civile?

Mais si l'auteur du délit ne peut point renoncer à la prescription de l'*action publique*, ne peut-il pas au moins y renoncer *quant à l'action civile?* S'il ne l'invoque point, les juges doivent-ils la suppléer d'office? Si je ne me trompe, il faut dire de l'*action civile* ce que j'ai dit de l'*action publique* ; l'ordre public ne permet pas, en effet, qu'une personne puisse, à raison d'un délit, être poursuivie *civilement*, lorsqu'elle ne peut plus l'être *criminellement* ; il serait dangereux de constater civilement l'existence d'un crime dont la société ne pourrait plus demander compte ; la loi l'a si bien senti, qu'elle a fait marcher de front la prescription de l'une et de l'autre action (art. 637, 638, 640. V. à ce sujet ce que j'ai dit dans mon 2ᵐᵉ examen, p. 762).

Art. 2224.

Jusqu'à quel moment la prescription peut-elle être invoquée?

Faut-il la ranger parmi les *exceptions* ou parmi les *défenses*?

Quelle différence y a-t-il donc entre les exceptions et les défenses?

XI. *Jusqu'à quel moment la prescription peut être invoquée.* — « Elle peut l'être *en tout état de cause, même en appel*, à moins que la partie qui ne l'a pas opposée ne doive, par les circonstances, être présumée y avoir renoncé. »

Les moyens par lesquels on se défend contre une action sont de deux sortes ; les uns tendent à faire renvoyer, soit à un autre temps, soit devant un autre tribunal, l'examen de l'affaire (art. 116 et suiv., C. pr.) ; on les appelle moyens dilatoires ou *exceptions*. Les autres ont pour objet de démontrer que la prétention du demandeur est mal fondée, en établissant que le droit réclamé n'existe plus, ou qu'il n'a jamais existé, comme lorsqu'on nie la dette, ou qu'on affirme l'avoir payée ; on les appelle moyens péremptoires du fond, ou *défenses*. Les *exceptions* doivent, sous peine de déchéance, être présentées *in limine litis*, avant les *défenses*, et dans l'ordre tracé par la loi (art. 166, 169, C. pr.) ; les *défenses*, au contraire, peuvent l'être dans toutes les phases du procès, *tant que les parties ont le droit d'être entendues*.

Le moyen résultant de la prescription appartient à la catégorie des *défenses*, puisqu'il tend à faire rejeter la prétention du demandeur, en établissant qu'elle est mal fondée : il peut donc être opposé en tout état de cause.

La prescription ne peut-elle pas être invoquée tant que l'affaire n'est pas en état?

Quand l'affaire est-elle en état?

Précisons bien le moment à partir duquel la prescription ne peut plus être invoquée. Et d'abord, il est bien évident qu'elle peut l'être tant que l'affaire *n'est pas en état*, c'est-à-dire tant que les conclusions ne sont pas contradictoirement prises, si l'affaire se juge sur plaidoiries (V. art. 343 C. pr.).

La prescription peut-elle encore être invoquée lorsque l'affaire est en état?

Mais peut-elle l'être encore si l'affaire *est en état?* Oui. Nulle part, en effet, la loi ne défend à la partie actionnée de faire valoir, soit par le ministère de son avocat, soit par de nouvelles conclusions signifiées, les moyens négligés dans les premières conclusions.

Quand donc cesse

Quand donc cesse le droit de l'invoquer? Quand le tribunal, par l'organe du président, a déclaré *que l'affaire est entendue* : dès cet instant, en effet, le rôle des parties est terminé, la discussion cesse (1).

Dans les affaires où le ministère public parle comme partie jointe, la prescription ne peut plus être opposée après qu'il a donné ses conclusions ; car le défendeur n'a plus la parole après lui.

Les affaires qui s'instruisent par écrit *sont en état* lorsque l'instruction est achevée, ou que les délais pour les productions et réponses sont expirés (V. art. 343 C. pr.). Ici, dès que l'affaire *est en état*, la prescription ne peut plus être opposée, car aucun moyen ne peut plus être présenté après que les parties ont laissé passer les délais qui leur étaient accordés à cet effet.

— Vous avez négligé d'invoquer la prescription et vous avez été condamné ; quelle ressource vous reste-t-il ? Si le jugement est en premier ressort, vous pouvez l'attaquer par la voie de l'appel et en triompher en invoquant le moyen tiré de la prescription. Cela paraît bizarre au premier coup d'œil ; car appeler d'un jugement, c'est se plaindre de son *injustice*, et prétendre que *la loi a été violée* ; or, en ne tenant point compte du moyen résultant de la prescription, les premiers juges ont jugé *conformément à la loi*, puisqu'il leur était défendu de le suppléer d'office ! Cette bizarrerie n'est cependant qu'apparente ; en effet, la partie condamnée n'attaque pas les *motifs* de la condamnation ; elle attaque le fond même de la décision. Il est vrai que la question de prescription ne subira point, dans l'espèce, les deux degrés de juridiction ; mais vous savez que les motifs qui servent de défense à l'action principale peuvent être présentés en appel, bien qu'ils n'aient pas été débattus devant les premiers juges (V. art. 464 C. pr.) (2).

Le jugement rendu en dernier ressort, ou confirmé sur appel, ne peut pas être attaqué sous prétexte que la prescription n'a pas été invoquée ; car, d'une part, la Cour de cassation prend le procès dans l'état où les parties l'ont mis, et, d'autre part, la requête civile n'est admise que dans les cas déterminés par la loi ; or, la circonstance que la prescription n'a pas été opposée ne figure pas au nombre de ces cas (V. art. 480 C. pr.), sauf l'exception faite par l'article 481, au profit de l'Etat, des communes, mineurs et interdits. Mais s'il existe quelque autre cause de requête civile ou de cassation, le jugement pourra être rétracté ou cassé, et alors, *tout* étant remis en question, la prescription pourra encore être utilement invoquée devant le tribunal où l'affaire sera de nouveau jugée.

— La faculté de présenter, *dans toutes les phases du procès*, le moyen tiré de la prescription, suppose évidemment qu'on n'y a pas renoncé ; or, la renonciation pouvant être *tacite*, les juges auront toujours à examiner en fait si elle ne résulte pas des moyens déjà présentés. Ainsi, par exemple, la prescription ne pourrait pas être invoquée en appel si le défendeur avait en première instance opposé une compensation ; car offrir de compenser, c'est se reconnaître débiteur, et par suite renoncer au bénéfice de la prescription.

Mais, puisque la renonciation peut résulter de certaines circonstances qui la font présumer, ne peut-on pas considérer le silence persévérant du débi-

(1) M. Dur., 21, 135 ; M. Val.
(2) M. Dur., 21, 136.

teur comme une circonstance d'où les juges pourraient induire la preuve d'une renonciation? Non; la preuve de la renonciation ne résulte que des faits qui la font supposer *nécessairement*, et le silence du défendeur n'a pas ce caractère. S'il a d'abord cherché à établir sa libération ou sa propriété sans invoquer le secours de la prescription, c'est que ce moyen porte souvent et même injustement atteinte à la réputation de celui qui l'invoque ; c'est donc une dernière ressource que les plaideurs mettent en réserve, pour ne l'employer qu'en désespoir de cause, lorsque les autres moyens ne suffisent pas.

XII. *Quelles personnes ont qualité pour invoquer la préscription.* — Elle peut l'être non-seulement par le défendeur, mais encore par ses créanciers, ou plus généralement par toute autre personne intéressée.

1° *Elle peut être invoquée par les créanciers du défendeur.*— Si le défendeur, soit parce qu'il ignore que la prescription est accomplie, soit parce qu'il est absent, soit parce que ce moyen répugne à sa conscience, néglige de l'invoquer, ses créanciers peuvent évidemment l'invoquer de son chef : le défendeur n'a pas, en effet, perdu le droit qu'il a de l'invoquer, par cela seul qu'il néglige de s'en servir; il pourrait donc lui-même l'exercer encore, et, s'il le peut, ses créanciers le peuvent également, conformément au principe général énoncé dans l'article 1166.

— Mais si le débiteur a déjà renoncé à la prescription, ses créanciers peuvent-ils encore l'invoquer?

Cette question est difficile. Elle a donné lieu à plusieurs systèmes.

Premier système. La renonciation, en enlevant au débiteur le droit d'invoquer la prescription, l'enlève également à ses créanciers. Ceux-ci, en effet, ne peuvent que saisir les biens ou les droits dont leur débiteur est encore propriétaire au moment de leur poursuite; tous les actes d'aliénation faits par lui, antérieurement à la saisie, leur sont opposables comme à lui-même; car le droit de gage qui leur est accordé sur ses biens ne le prive pas du droit d'en disposer, soit à titre onéreux, soit même à titre gratuit. Ainsi, tout bien qui sort de son patrimoine échappe à leur gage; tout droit qui s'éteint pour lui, s'éteint également pour eux.

A la vérité, les actes faits *en fraude* des créanciers, c'est-à-dire dans le dessein de leur nuire, ne leur sont pas opposables (art. 1167) ; mais il est impossible de considérer comme un *acte frauduleux* le refus de profiter d'un secours inique.

Les expressions que notre article emploie au temps présent, *encore que le débiteur y renonce*, montrent bien qu'il ne s'agit pas, dans la pensée de la loi, d'une *renonciation consommée*; encore qu'il *y renonce*, signifie : *encore qu'il néglige de s'en servir.*

Dans ce système, l'article 2225 n'est qu'une application du principe général de l'article 1166.

Deuxième système. Les créanciers peuvent opposer la prescription encore que le débiteur y *ait renoncé*, si cette renonciation a été faite *en fraude* de leurs droits.

En effet, 1° si le renonçant est insolvable, sa renonciation est *préjudicia-*

Art. 2225.
Quelles personnes ont qualité pour invoquer la prescription ?
Les créanciers du défendeur ne peuvent-ils pas, lorsqu'il néglige de le faire, l'invoquer de son chef ?

Mais s'il y a *déjà renoncé*, le peuvent-ils encore ?

Doivent-ils alors, pour réussir, prouver que la renonciation a été faite en *fraude* de leurs droits ?
Suffit-il qu'ils prouvent qu'elle a été faite à leur *préjudice* ?
Ne le peuvent-ils pas, au contraire, dans tous les cas et sans qu'il soit même nécessaire de prouver que la renonciation a été faite à leur préjudice ?

ble à ses créanciers ; s'il a renoncé, sachant bien qu'il était dans l'impossibilité de payer ses dettes, sa renonciation est *frauduleuse;* ce n'est pas, en effet, faire un acte loyal et légitime que de payer une dette douteuse, peut-être éteinte, au préjudice de créanciers certains et vigilants. En réalité, ce n'est rien autre chose qu'une restitution faite avec l'argent d'autrui ! Or, si cette renonciation est frauduleuse, elle doit, comme tout autre acte fait en fraude des créanciers, rester sans effet à leur égard (art. 1167).

2° L'argument, fondé sur ce que l'article parle au présent et non pas au passé, est sans force ; car nous trouvons dans d'autres dispositions du Code (art. 788), le mot *renonce*, employé au présent pour désigner une renonciation *consommée.*

Dans ce système, l'article 2225 n'est qu'une application du principe général de l'article 1167 ; les créanciers peuvent donc invoquer la prescription à laquelle leur débiteur a renoncé ; mais pour cela, ils doivent prouver :

1° Que la renonciation leur est *préjudiciable.* Ainsi, ils devront discuter les biens de leur débiteur, afin de démontrer qu'ils sont insuffisants pour les désintéresser intégralement,

2° Qu'elle a été faite *en fraude* de leurs droits. Ainsi, il faut qu'ils établissent que le débiteur connaissait, au moment de sa renonciation, son état d'insolvabilité.

TROISIÈME SYSTÈME. — Les créanciers ne sont pas obligés de prouver *la fraude*, car notre article annule la renonciation sans s'inquiéter du motif, peut-être excusable, mais au moins imprudent, qui la fait souscrire. Ils doivent, au contraire, établir qu'elle a été faite *à leur préjudice*, et, par conséquent, constater son insolvabilité en discutant ses biens : l'action révocatoire, en effet, a toujours pour objet la réparation d'un *dommage éprouvé.*

QUATRIÈME SYSTÈME. — Les créanciers ne sont pas même tenus de constater l'insolvabilité de leur débiteur, en discutant ses biens. En d'autres termes, lorsqu'un créancier dont la créance est prescrite se trouve en conflit avec les autres créanciers, ceux-ci ont le droit de le repousser directement. Notre article ne soumet, en effet, l'exercice de cette faculté à aucune formalité préalable. L'application du principe de l'article 1167 aurait d'ailleurs des inconvénients ; car la nécessité de discuter les biens du débiteur entraînerait des frais et des lenteurs préjudiciables à tous.

Dans ce système, les créanciers ont un droit particulier, qui n'est ni celui de l'article 1166 ni celui de l'article 1167, droit exceptionnel qui leur permet de considérer la renonciation comme non avenue, sans être obligés de prouver d'abord l'insolvabilité et la fraude de leur débiteur. L'article 2225 a eu pour objet de les protéger très-énergiquement contre la fausse délicatesse des débiteurs, que des scrupules irréfléchis poussent trop souvent au sacrifice du seul moyen qu'ils aient de conserver leur patrimoine et par suite le gage de leurs créanciers.

Ainsi, lorsque le débiteur néglige d'invoquer la prescription ou qu'il y renonce, ses créanciers peuvent l'invoquer, soit dans un ordre ouvert, soit dans une instance, en y intervenant, soit en appel, si le jugement est déjà rendu, mais en premier ressort seulement, soit en formant une tierce opposition, si le jugement est en dernier ressort (1).

2° *La prescription peut être invoquée non-seulement par celui qui a prescrit et par ses créanciers, mais encore par toutes les autres personnes qui ont intérêt à l'invoquer.*—Ces personnes sont :

1° Les *cautions* ; car le droit qu'elles ont d'opposer la prescription est indépendant de celui du débiteur principal. Elles ont, en effet, prescrit pour

Quelles personnes, autres que les créanciers du défendeur, peuvent encore invoquer la prescription ?
Quelles sont les personnes qui ont intérêt à l'invoquer ?

(1) M. Val. — Je crois, quant à moi, qu'on donne à notre article une portée qu'il n'a pas. Voici, si je ne me trompe, la véritable pensée de la loi. On sait qu'aux termes de l'article 1166, les créanciers peuvent exercer tous les droits de leur débiteur, *sauf ceux qui sont attachés exclusivement à sa personne* ; or, la nature même de la prescription aurait pu faire croire que le droit de l'invoquer était une *faculté personnelle* à celui qui doit en bénéficier directement ; la loi a voulu prévenir ce doute. Notre article 2225 n'a pas eu d'autre objet.

J'emprunte cette interprétation à M. Bigot-Préameneu lui-même. « Ce serait, dit-il, dans son discours au Conseil d'Etat, une erreur de croire que la prescription n'a d'effet qu'autant qu'elle est opposée par celui qui a prescrit et que c'est au profit de ce dernier une *faculté personnelle*. La prescription établit ou la libération ou la propriété : or, les créanciers peuvent, *ainsi qu'on l'a déclaré* au titre des *obligations*, exercer les droits et les actions de leur débiteur, *à l'exception de ceux qui sont exclusivement attachés à sa personne;* la conséquence est que les créanciers peuvent opposer la prescription, encore que le débiteur ou le propriétaire y renonce. » La pensée du législateur est celle-ci : il n'est pas nécessaire, pour que la prescription produise son effet, que ce soit celui qui a prescrit qui l'invoque ; elle peut être utilement invoquée, soit par la personne même qui a prescrit, soit, lorsqu'elle néglige de s'en prévaloir, par ses créanciers.

L'article 2225 n'a donc trait qu'au principe de l'article 1166 : l'article 1167 est hors de cause; la loi n'avait pas à s'en occuper; car, en assimilant aux droits ordinaires la faculté d'invoquer la prescription, on la plaçait par là même sous l'empire du droit commun. J'en conclus que les créanciers de celui qui a renoncé à une prescription ne peuvent point l'invoquer, à moins qu'ils ne prouvent que cette renonciation a été faite *en fraude* de leurs droits.

La loi, dit-on, a dû protéger les créanciers contre la fausse délicatesse des débiteurs qui, par des scrupules irréfléchis, se croient tenus de renoncer aux prescriptions qui, en conservant leur patrimoine, sauveraient le gage de leurs créanciers... Mais, si cela était vrai, ce ne sont pas seulement les renonciations à prescription qu'il faudrait annuler de plein droit dans l'intérêt des créanciers du renonçant; les actes que les débiteurs sont si enclins à faire, qu'ils font si fréquemment, les donations à leurs propres enfants devraient également être considérées comme non avenues à l'égard des créanciers du donateur. Il n'en est rien cependant ! ces actes sont régis par le droit commun. Les créanciers qui les attaquent ne sont point écoutés, s'ils ne prouvent point qu'ils sont faits *en fraude* de leurs droits. Or, comment croire que la loi qui veut que la donation qu'un père a faite de bonne foi à ses enfants soit respectée par ses créanciers, encore qu'elle les ruine, annule de plein droit, alors même qu'elle a été faite de bonne foi, c'est-à-dire par un débiteur qui, se croyant plus riche qu'il n'était, a cru pouvoir la faire sans nuire à personne, la renonciation au droit qu'il avait de dépouiller celui de ses créanciers dont la créance est prescrite !

leur propre compte, prescrit comme cautions. C'est donc de leur propre chef, et non du chef du débiteur, qu'elles ont le droit d'invoquer la prescription : dès lors peu importe que le débiteur renonce ou non à la prescription qui s'est accomplie à son profit. La renonciation qu'il fait éteint son droit ; mais elle ne porte aucune atteinte au droit propre et personnel des cautions. Ainsi, quant à elles, l'article 2225 était inutile.

Pourquoi les cautions du débiteur le peuvent-elles ?

2° Le *codébiteur solidaire* ; car lui aussi a prescrit de son chef pour son propre compte.

Pourquoi les codébiteurs solidaires le peuvent-ils ?

3° *Ceux auxquels le possesseur a consenti des droits réels sur l'immeuble qu'il était en voie de prescrire.* Ces cessionnaires ont possédé pour leur propre compte le droit qui leur a été cédé ; ils ont donc pu le prescrire de leur chef : dès lors que leur importe que leur cédant renonce ou non à la prescription ! Le droit qu'ils ont de l'invoquer leur est personnel ; ils ne peuvent le perdre que par un acte de leur volonté. Ici encore l'article 2225 n'était pas nécessaire.

Pourquoi ceux auxquels le possesseur a consenti des droits réels sur l'immeuble qu'il a prescrit ont-ils la même faculté ?
L'invoquent – ils alors de leur chef ?

Mais il reçoit son application toutes les fois que le droit réel concédé n'est pas susceptible d'être prescrit. Ainsi, celui qui achète *non à domino* une servitude qui n'est pas continue et apparente, ne pouvant pas prescrire de son chef, a intérêt à ce que la prescription soit acquise à son vendeur ; il peut l'invoquer à l'effet de consolider son droit ; il le peut, encore que son vendeur y ait renoncé.

Quid, si le droit qui leur a été concédé n'est pas susceptible d'être acquis par prescription ?

— Nous venons de voir que la renonciation à une prescription *accomplie* n'a qu'un effet *relatif*, restreint à la personne du débiteur ou du possesseur qui l'a faite ; il n'en est pas de même de la renonciation à une prescription *qui n'est que commencée :* la reconnaissance que le débiteur fait du droit du créancier *interrompt* la prescription, non-seulement contre lui, mais encore contre ses codébiteurs solidaires, ses cautions, et, par *a fortiori*, contre ses créanciers. La renonciation faite par le possesseur, pendant le cours de la prescription, est également opposable à ceux auxquels il a concédé sur l'immeuble qu'il possède des droits réels non susceptibles d'être acquis par prescription, par exemple, une servitude non apparente ; car le droit qu'ils ont reçu de lui ne peut être consolidé que par une prescription acquise de son chef.— Cette renonciation reste, au contraire, sans effet à l'égard de ceux qui ont reçu de lui des droits réels susceptibles d'être acquis par prescription, par exemple, un droit d'usufruit ou une servitude réelle continue et apparente ; car, prescrivant de leur chef, leur droit à la prescription est complétement indépendant de celui de leur cédant.

Quelle différence y a-t-il entre la renonciation à une prescription accomplie et la renonciation à une prescription qui n'est que commencée ?

CHAPITRE II. — DE LA POSSESSION.

§ I. DES AVANTAGES DE LA POSSESSION.

2e répétition.

Quoique la *possession* soit naturellement liée à la *propriété*, il ne faut pas les confondre et croire que l'une ne puisse exister sans l'autre. Elles sont, il est vrai, le plus souvent réunies en la même personne, car la possession étant l'exercice du droit de propriété, le fait qui l'utilise, le propriétaire a grand soin de ne pas laisser passer en d'autres mains l'attribut, l'utilité de son droit ; mais le contraire a lieu quelquefois. La maison de Jean a été vendue *par un*

Art. 2228,
La possession et la *propriété* sont-elles toujours réunies dans la même personne ?

tiers à Paul, auquel elle a été livrée, et qui l'habite : Jean, qui est le propriétaire, ne possède point ; Paul, qui possède, n'est point propriétaire.

Ainsi, on peut être *possesseur* sans être *propriétaire*, et réciproquement. Mais ce qu'il importe de remarquer, c'est qu'il est bien rare que le fait ne soit pas d'accord avec le droit ; la réunion de la propriété et de la possession constitue donc le fait normal et régulier, celui qui, par conséquent, doit toujours être présumé tant que la preuve du contraire n'est pas faite.

— La possession a plusieurs avantages :

Quels sont les avantages attachés par la loi à la possession ?

1° Elle a cet effet que celui qui possède la chose d'autrui fait siens les fruits qu'il perçoit de bonne foi (art. 549).

2° Elle fait présumer la propriété ; ainsi, le possesseur est réputé être propriétaire, tant que la preuve du contraire n'est pas faite. Lors donc qu'une contestation s'engage entre le possesseur d'un fonds et une autre personne qui s'en prétend propriétaire, c'est à cette dernière à prouver ce qu'elle affirme ; si elle n'y réussit point, le possesseur est maintenu.

Qu'est-ce qu'une action possessoire ? Une action pétitoire ?

3° Elle procure au possesseur les actions *possessoires* (1), c'est-à-dire le droit, quand il est troublé dans la jouissance de la chose qu'il possède, ou qu'il en est dépouillé violemment, de faire cesser ce trouble ou cette usurpation, *sans être obligé de prouver qu'il est propriétaire*.

Comment divise-t-on les actions possessoires ? Qu'est-ce que la complainte ? La réintégrande ?

On appelle *complainte*, l'action par laquelle le possesseur demande à être maintenu dans sa possession, quand il y est troublé ; *réintégrande*, celle par laquelle le possesseur, qui est non pas seulement troublé, mais entièrement dépossédé, demande à être réintégré dans sa possession.

Quelles personnes ont les actions possessoires ? Dans quel délai doivent-elles être intentées ? Quelle est leur utilite ?

Ceux-là seulement ont les actions possessoires qui possèdent *depuis un an au moi s*, paisiblement et à titre de propriétaire ; elles ne peuvent être intentées utilement que *dans l'année du trouble* ou de la dépossession (art. 23 C. pr.).

Quelqu'un laboure le champ que je possède, il coupe les fruits qui y sont pendants, comble un fossé, en ouvre un, plante et arrache une haie ; mon voisin m'expulse violemment de ma maison et s'y loge à ma place... Je puis, si je le veux, agir au *pétitoire*, c'est-à-dire prétendre que ces actes portent atteinte à mon *droit de propriété*, et en demander la cessation en même temps que la réparation. Mais il n'est pas toujours facile de faire la preuve d'un *droit de propriété* ; mes titres peuvent n'être pas parfaitement en règle, ou égarés ! Que ferai-je alors ? Si ma possession est *annale, paisible et à titre de propriétaire*, j'agirai au *possessoire*. Il me faudra, il est vrai, pour réussir, prouver ma possession, mais la possession est un fait public dont la preuve peut être faite, non-seulement par titres, mais encore par témoins, tandis que la propriété ne se prouve, du moins en général, que par des titres réguliers.

Ma preuve étant faite, je serai maintenu ou réintégré dans ma possession.

(1) Les actions possessoires n'ont pour objet que les immeubles ou les universalités de meubles ; quant aux meubles individuels, l'action est toujours *pétitoire*. L'action pétitoire est celle par laquelle une personne prétend qu'elle a sur une chose possédée par un autre, soit un droit de propriété, soit un démembrement du droit de propriété.

Que si mon adversaire prétend ensuite qu'il a le droit de faire les actes dont j'ai obtenu la cessation, ou qu'il est propriétaire de la chose que je possède, il devra agir au *pétitoire* et faire la preuve de son droit; s'il n'y réussit point, je serai définitivement maintenu.

On voit le but des actions possessoires : on les intente afin d'avoir, dans le procès qui s'engagera au *pétitoire*, le rôle de défendeur, et rejeter ainsi sur son adversaire la nécessité de prouver qu'il est propriétaire.

Mais si, étant troublé dans ma possession ou dépouillé complétement, je garde le silence pendant un an, mon action *possessoire* est alors éteinte : je n'ai plus que la ressource du *pétitoire*; car mon adversaire est devenu possesseur du droit contesté par la jouissance paisible qu'il en a eue pendant un an.

Pourquoi ne peuvent-elles plus être intentées après l'année du trouble ou de la dépossession ? Quelle ressource reste-t-il alors à celui qui les a négligées ?

4° Elle donne instantanément la propriété des choses qui n'appartiennent à personne (V. l'explic. de l'art. 713); et même, quand elle est de bonne foi, la propriété des meubles corporels appartenant à autrui (art. 2279).

5° Elle fait acquérir la propriété des choses d'autrui *par la prescription*, c'est-à-dire par sa continuation pendant un certain temps déterminé par la loi (10, 20 ou 30 ans). Ainsi, lorsque je possède et que ma possession n'a pas atteint la dernière limite du temps fixé pour la prescription, je suis bien présumé propriétaire, mais cette présomption peut être combattue et détruite par d'autres preuves; elle devient au contraire invincible, aucune preuve contraire n'est admise contre elle, dès là que le temps de la prescription est complet (art. 1352).

§ II. DÉFINITION DE LA POSSESSION.

« La possession est la *détention* ou la jouissance d'*une chose* ou d'*un droit* que nous *tenons* ou que nous *exerçons* par nous-mêmes ou par un autre qui la *tient* ou qui l'*exerce* en notre nom. » — Cette définition en comprend deux qu'il faut distinguer : Les mots *détention... d'une chose...* que nous *tenons...* se réfèrent à la possession des choses *corporelles*, c'est-à-dire du droit intégral de propriété (1). Quant aux expressions, la *jouissance* d'un *droit...* que nous *exerçons...* elles ont pour objet la possession des choses *incorporelles*, c'est-à-dire des démembrements du droit de propriété. Ainsi nous pouvons décomposer notre article en deux parties :

Qu'est-ce que la possession ? La définition qu'en donne la loi ne contient-elle pas deux définitions ? La loi distingue donc deux espèces de possession ? A quelle possession se réfèrent les mots : détention.... d'une chose.... que nous tenons ? Les mots la jouissance d'un droit... que nous exerçons ?

1° La possession d'une chose corporelle, c'est-à-dire du droit intégral de propriété, est la détention d'une chose que nous tenons par nous-mêmes ou par un autre qui la tient en notre nom.

2° La possession d'une chose incorporelle, c'est-à-dire d'un démembrement du droit de propriété, est la jouissance de ce droit que nous exerçons par nous-mêmes, ou par un autre qui l'exerce en notre nom.

Reprenons séparément ces définitions.

I. *De la possession des choses corporelles, c'est-à-dire du droit intégral de propriété.* — La possession d'un droit intégral de propriété est la *déten-*

Qu'est-ce que la possession des choses corporelles ?

(1) La loi range le droit de propriété parmi les choses corporelles. V. à ce sujet le traité de M. Pellat *sur la propriété et l'usufruit en droit romain.*

Qu'est-ce que la détention ?

tion par nous-mêmes ou par un autre, en notre nom, de la chose qui est l'objet du droit. Mais qu'est-ce que la *détention ?* Ce n'est pas seulement l'usage même de la chose, c'est aussi la puissance de fait qu'on a sur elle, la faculté matérielle de s'en servir et d'en disposer. Ainsi, on détient un meuble, non-seulement lorsqu'on s'en sert, mais encore lorsqu'on l'a sous la main, à sa disposition, en sa possession en un mot, c'est-à-dire lorsqu'on a la faculté physique et matérielle de s'en servir, lorsqu'on le détient chez soi et sous sa garde. De même, on détient une maison, non-seulement lorsqu'on l'habite, mais encore lorsque étant détenteur des clefs et des titres qui en constatent la propriété, on peut, à sa volonté, s'y introduire et s'y loger ; un champ, lorsqu'on en perçoit les fruits ou lorsque, étant muni des titres, on est le maître d'y aller et venir, de le cultiver et d'en disposer.

Est-il nécessaire, pour posséder une chose, de la détenir soi-même ?
Par quelles autres personnes peut-on la détenir ?

On peut détenir une chose, non-seulement par soi-même, mais encore par d'autres personnes qui la détiennent *pour nous et en notre nom.* Ainsi, celui qui, étant possesseur d'un immeuble, le donne à bail ou à ferme, le détient par son locataire ou par son fermier ; de même celui qui a mis un meuble en dépôt ou qui l'a prêté, le détient par son dépositaire ou par l'emprunteur...

On peut donc être possesseur d'une chose sans la détenir matériellement et réciproquement ?
Ceux qui détiennent une chose non pour eux, mais pour une autre personne, possèdent-ils ?
La loi cependant ne les appelle-t-elle pas quelquefois des possesseurs?
Qu'entend-elle dire alors ?

On peut donc être possesseur d'une chose sans la détenir matériellement ; et réciproquement, on peut la détenir matériellement sans avoir la possession, du moins la possession civile, c'est-à-dire la possession qui fait présumer la propriété, donne les actions possessoires et conduit à la prescription. La détention des locataires, des fermiers, des dépositaires, des emprunteurs... et de tous ceux qui détiennent au nom et pour le compte d'une autre personne qu'ils reconnaissent pour le maître de la chose, n'est pas, en effet, une véritable possession, quoique la loi l'appelle quelquefois de ce nom ; ils possèdent, en ce sens qu'ayant matériellement la chose en leur pouvoir, ils ont la faculté physique de s'en servir ; mais comme ils la gardent au nom de celui qui la leur a remise et qu'ils reconnaissent pour le véritable maître, c'est lui qui a tous les avantages que la loi attache à la possession, qui possède par eux : ils ne sont que l'instrument de sa possession. En d'autres termes, ils possèdent *naturellement*, mais ils ne possèdent pas *civilement* ; c'est ce qui a fait dire d'eux : *sunt in possessione sed non possident.* Et c'est aussi ce qui explique pourquoi notre Code qui, dans l'article 2228, attribue à une autre personne la possession de la chose qu'ils détiennent, les appelle possesseurs, dans les articles 2230, 2231, 2236 et 2238.

A quel titre faut-il détenir une chose pour avoir droit aux avantages que la possession procure ?

— En matière de prescription, ou plus généralement quant aux avantages que la loi y attache, la possession ne consiste pas dans une détention quelconque ; c'est une détention *sui generis,* la détention d'une chose avec l'*intention de l'avoir pour soi, animo domini.* Ceux qui possèdent *sine animo rem sibi habendi,* qui reconnaissent un maître de la chose, les fermiers, locataires, dépositaires, ne prescrivent point ; c'est ce que la loi nous apprend dans deux endroits différents, dans l'article 2229, où il est dit : « que pour prescrire il faut posséder *à titre* (c'est-à-dire en qualité) *de propriétaire,* et dans l'article 2236, où l'on refuse le bénéfice de la prescription à tous ceux qui possèdent *pour autrui.*

II. *De la possession des choses incorporelles,* c'est-à-dire *des démembre-ments du droit de propriété.* — Nous l'avons définie, la jouissance d'un droit que nous exerçons par nous-mêmes ou par une autre personne qui l'exerce en notre nom.

Qu'est-ce que la possession des choses incorporelles ?

La possession est un acte *corporel*; les démembrements du droit de propriété, l'usufruit, l'usage et les servitudes réelles sont des choses *incorporelles* qui ne peuvent pas être touchées, appréhendées matériellement. Les Romains en conclurent que ces choses n'étaient pas susceptibles d'une possession proprement dite; mais ils admirent plus tard que la *jouissance,* l'exercice des droits équivaudrait à possession. La jouissance du droit, disait-on, n'est pas, à la vérité, une véritable possession, mais elle en tient lieu : c'est une *quasi*-possession.

Comment l'appelait-on en droit romain ?

Le Code semble avoir voulu reproduire la même idée.

Cette distinction, au reste, est peu logique. La jurisprudence n'a à s'occuper que des droits qu'on peut avoir sur les choses; on ne possède donc toujours que des droits; et, dans tous les cas, la possession consiste dans l'exercice du droit. Si je fais sur une chose des actes de propriétaire, je possède le droit intégral de propriété. Si les actes que je fais sont moins étendus, si au lieu de me comporter comme propriétaire, j'agis comme usufruitier, ce n'est plus un droit de propriété, c'est un simple droit d'usufruit que je possède. Tout ce qui est vrai de la pleine propriété l'est également de ses démembrements. Ainsi, la règle qu'on possède par soi-même ou par autrui s'applique aussi bien au droit d'usufruit, aux servitudes réelles, qu'au droit intégral de propriété. Quelqu'un a passé bail d'un domaine : s'est-il présenté comme propriétaire, possédait-il déjà en cette qualité, c'est le droit intégral de propriété qu'il possède par son fermier; s'est-il présenté comme usufruitier, il possède par son fermier sans doute, mais le droit qu'il possède n'est plus qu'un simple droit d'usufruit. Tout dépend des circonstances.

La distinction que fait la loi entre la possession des choses corporelles et la possession des choses incorporelles est-elle logique ?

§ III. COMMENT ON ACQUIERT LA POSSESSION, COMMENT ON LA CONSERVE ET COMMENT ON LA PERD.

I. *On acquiert la possession* CORPORE ET ANIMO, *c'est-à-dire par la détention jointe à l'intention de posséder.* — La *détention* sans la *volonté* de posséder ne suffit point. Ainsi, celui-là ne possède pas qui, étant entré dans le cabinet d'un médecin qu'il attend, prend pour l'examiner soit un livre, soit un instrument de chirurgie; ainsi encore les insensés et les enfants en bas âge, qui sont incapables de volonté, n'acquièrent point la possession des choses qu'ils détiennent (1).

Comment acquiert-on la possession ?

Remarquons en outre qu'il ne suffit point pour acquérir la possession civile, d'avoir l'intention de détenir; il faut avoir l'*animum domini,* c'est-à-dire la volonté d'avoir la chose pour soi et non pour un autre. Ainsi, les fermiers, locataires, dépositaires... ne possèdent point, car ils détiennent *sine animo rem sibi habendi* (V. p. 24).

(1) Il est bien entendu qu'ils peuvent acquérir la possession par le ministère de ceux qui les représentent : la volonté de leurs tuteurs supplée à la volonté qui leur manque.

— L'*intention* de posséder sans la *détention* est également insuffisante. Ainsi, quoique j'aie la volonté de posséder la chose que je vous ai chargé de recevoir pour moi, je ne la possède point tant qu'elle ne vous a pas été livrée (1)..

La règle qu'on ne peut acquérir la possession que par la *détention*, jointe à l'*intention*, ne doit pas être entendue dans un sens trop absolu.

Est-il nécessaire, pour acquérir la possession d'une chose, de la détenir matériellement ?

J'ai déjà montré, en effet, que la détention peut exister, même en l'absence d'une *appréhension corporelle* de la chose, qu'il suffit, pour qu'on la détienne, qu'on soit en position de l'enlever, de s'en servir ou d'en disposer. Ainsi, lorsqu'un vendeur remet à l'acheteur les clefs des bâtiments où sont enfermés les grains ou marchandises qu'il lui a vendus, l'acheteur est réputé les détenir, même avant de les avoir enlevés ; il les détient, puisqu'il a, par la possession des clefs, la faculté de les enlever quand il voudra et d'en disposer (V. art. 1606). De même l'acheteur d'un immeuble est réputé le détenir, dès qu'on lui a remis les titres ou les clefs ; car dès cet instant il peut, quand il le voudra, l'occuper physiquement et y faire des actes matériels de jouissance (art. 1605).

N'existe-t-il pas un cas où l'on acquiert la possession sans détention ni intention ?

Il existe même un cas où l'on acquiert la possession sans *détention* ni *intention* ; je veux parler de l'héritier qui, par l'effet de la saisine légale, devient possesseur des biens héréditaires avant de les avoir appréhendés et même à son insu (V. le 2ᵉ examen, p. 16).

Comment conserve-t-on la possession ? La conserve-t-on plus facilement qu'on ne l'acquiert ?

II. *On conserve la possession* ANIMO TANTUM. — La possession se *conserve* donc plus facilement qu'elle ne s'acquiert. Deux choses sont nécessaires pour l'acquérir : la *détention* et l'*intention*; une seule suffit pour la conserver : l'*intention*. Ainsi, ceux qui cessent de percevoir les fruits du champ dont ils ont acquis la possession par une détention, qui le laissent tomber en friche, ou qui discontinuent d'exercer la servitude dont ils ont usé à une autre époque, ne perdent point la possession ; ils la retiennent par l'intention où ils sont de posséder. Et remarquez qu'il n'est pas nécessaire que cette intention se renouvelle chaque jour et *singulis momentis*; elle persévère légalement tant qu'une volonté contraire ne vient pas la détruire et la remplacer. C'est ainsi que le possesseur continue de posséder, même pendant sa folie, encore bien qu'il ait cessé de faire des actes de jouissance, et quoiqu'il ne soit pas encore pourvu d'un tuteur.

Le principe que la possession se conserve par la seule intention est-il absolu ?
Si un tiers acquiert la possession, la conservez-vous, même

— Le principe que la possession acquise se conserve par la seule intention à besoin d'un double tempérament :

1° La seule intention conserve la possession, *pourvu qu'une autre personne ne l'ait pas acquise.*—Toutefois, même dans ce cas, le possesseur con-

(1) Suivant Pothier, l'acheteur qui, par erreur, a reçu une chose autre que celle qui lui est due ne possède ni la chose qui lui a été vendue, car il n'en a pas la détention, *ni même la chose qui lui a été livrée,* car il n'a pas l'intention de la posséder. Je crois que sur le second point Pothier se trompe : personne n'admettra jamais que celui qui a joui paisiblement, publiquement, pendant trente, quarante ou cinquante ans, d'une chose qu'il a confondue avec une autre, puisse en être dépouillé. Il l'a confondue avec une autre, mais cette circonstance ne l'a pas empêché d'avoir réellement l'intention de la posséder et de l'avoir pour soi.

serve légalement sa possession pendant l'an et jour ; car s'il la recouvre dans ce délai, en exerçant utilement une action (il peut la reprendre en exerçant une action possessoire ou pétitoire), il est alors réputé ne l'avoir jamais perdue : sa possession n'a pas été interrompue (art. 2243).

dans ce cas, par la seule intention ?
Si vous la recouvrez, êtes-vous alors réputé ne l'avoir pas perdue ?

2° *La possession intentionnelle* n'a pas les mêmes avantages que la possession qui se manifeste par des actes de jouissance. Ainsi, aux termes de l'article 2229, la possession ne conduit à la prescription qu'autant qu'elle est *continue* ; or, la *continuité* consiste dans une série d'actes de jouissance assez rapprochés les uns des autres pour que l'opinion publique en soit frappée ; sous ce rapport la possession intentionnelle n'est point continue ; elle est, par conséquent, insuffisante pour la prescription (1).

La possession conservée par la *seule intention* est-elle aussi utile que celle qui se manifeste par des actes de jouissance ?

III. *On perd la possession par l'abandon qu'on en fait volontairement, ou malgré soi par le fait d'un tiers.*

Comment perd-on la possession ?

1° *Perte de la possession par l'abandon volontaire.*—La tradition que nous faisons d'une chose à quelqu'un dans l'intention de lui transférer la possession renferme tacitement la volonté de la perdre, et nous la fait perdre réellement, puisque nous ne pouvons la transférer qu'en la perdant. Peu importe que la tradition soit réelle ou seulement consensuelle ; dans le premier cas, nous perdons la possession *corpore et animo*, dans le second *animo tantum*. Ainsi, lorsqu'en vous vendant un immeuble, nous convenons que je le garderai, pendant trois ans, à titre de locataire ou de fermier, bien que je détienne corporellement l'immeuble que je vous ai vendu, je perds, dès l'instant de la vente, la possession que j'en avais, car ce n'est plus pour moi, c'est pour vous que je le détiens (V. p. 24).

— On peut, par un abandon pur et simple, perdre la possession sans la *transférer*. Tel est le cas où je jette dans la rue les choses mobilières que je ne veux plus posséder, ou bien encore le cas où je laisse tomber en friche un héritage que je ne veux plus avoir, soit parce que la culture en est trop difficile, soit parce que j'ai reconnu qu'il appartenait à un autre, soit par tout autre motif, et, par exemple, parce que j'ai l'intention de quitter le pays où je suis et de n'y plus revenir jamais. La possession qui a été volontairement abdiquée est *définitivement* perdue ; on peut, sans doute, reprendre la chose qu'on a abandonnée, mais alors une possession toute nouvelle commence : l'ancienne est effacée ; elle ne compte point ; et il en est ainsi, alors même qu'il s'est écoulé moins d'un an entre l'abandon et la reprise de la possession : l'article 2243 n'est pas applicable à ce cas (2).

Ne peut-on pas perdre la possession sans la transférer à personne ?
Peut-on, dans ce cas, *recouvrer* la possession perdue ?

2° *Perte de la possession par le fait d'un tiers.*— On ne cesse point de posséder par cela seul qu'on cesse de faire des actes de jouissance sur la chose possédée, car, la possession étant une fois acquise, le possesseur la conserve par le simple effet de l'intention de s'y maintenir (V. p. 26) ; mais cela n'est vrai qu'autant qu'à l'intention se joint la faculté de se servir de la chose, quand on le voudra. Il en résulte que, dès là qu'un autre possède, nous cessons nous-mêmes de posséder. Toutefois le possesseur qui reconquiert, *dans l'année*, sa possession perdue, soit parce que le nouveau possesseur a con-

Perd-on la possession par cela seul qu'on cesse de faire des actes de jouissance ?
Mais si un tiers vient à l'acquérir ?
Dans ce cas, la possession perdue peut-elle être *recouvrée* ?
Quelle distinction faut-il faire à cet égard ?

(1) M. Val.
(2) M. Dur., t. **XXI**, n° **203**.

senti à la lui rendre, soit parce qu'il s'est fait judiciairement rétablir dans son ancienne position, est réputé n'avoir pas cessé de posséder dans l'intervalle : sa possession n'a subi aucune interruption (V. p. 26). Ainsi, nous perdons la possession par le fait d'autrui, lorsqu'un tiers a possédé à notre place, pour lui et en son nom, pendant un an, sans réclamation de notre part (art. 2243).

§ IV. DES QUALITÉS QUE DOIT AVOIR LA POSSESSION POUR FONDER LA PRESCRIPTION.

Art. 2229.

Quelles qualités doit avoir la possession pour fonder la prescription ?

Quand la possession n'est-elle pas continue ?

La possession conservée par la seule intention est-elle continue dans le sens de notre art. 2229 ?

Elle doit être : 1° *continue*, 2° *non interrompue*, 3° paisible, 4° publique, 5° à titre de propriétaire, 6° non équivoque.

I. *Continue...* Elle ne l'a pas été si, après qu'elle a été acquise, elle a été perdue ou abandonnée et reprise de nouveau. Tout le temps qui s'est écoulé entre le moment où elle a été perdue ou abandonnée et celui où elle a été reprise ne compte point, sauf le tempérament apporté à ce principe par l'art. 2243.

Ainsi, la prescription s'accomplit par une possession qui dure *sans intervalle*, pendant tout le temps prescrit par la loi.

Mais il ne suffit point qu'elle dure pendant ce temps par le seul effet de la volonté de posséder ; car la possession, conservée par la seule intention, n'est point *continue* dans le sens de l'article 2229. Il n'est point nécessaire, sans doute, que le possesseur fasse sans cesse, tous les jours et à chaque instant du jour, des actes de jouissance, et, par exemple, s'il s'agit de la possession d'un champ, qu'il y soit continuellement occupé à préparer la terre, à semer et recueillir des fruits : ce serait rendre impossible toute prescription que de pousser jusqu'à cette exagération l'idée de la continuité de la possession. Mais il faut au moins qu'elle se manifeste par des actes extérieurs de jouissance, assez rapprochés les uns des autres pour que le public en soit frappé : quelques actes isolés et répétés de loin en loin ne suffisent point. La possession ne peut, en un mot, fonder la prescription, qu'autant qu'elle est l'image de la propriété, qu'elle en a les signes apparents ; il est donc nécessaire que le possesseur agisse, pendant tout le temps de la prescription, comme il le ferait (en le supposant soigneux et diligent) si la chose qu'il détient ou le droit qu'il exerce lui appartenait réellement, c'est-à-dire qu'il retire les fruits ou bénéfices que cette chose ou ce droit comporte, d'après sa nature et sa destination. En conséquence, je définis la possession *continue*, *celle qui,*

Qu'est-ce donc que la possession continue ?

pendant tout le temps requis pour la prescription, s'est manifestée par des actes assez rapprochés les uns des autres pour que l'opinion publique en ait été frappée ; en d'autres termes : la jouissance ou l'exercice RÉGULIER *d'une chose ou d'un droit.*

Entendue en ce sens, la *continuité* peut s'adapter aux droits de toute nature, même aux servitudes *discontinues*.

Les servitudes discontinues sont-elles susceptibles d'une possession continue ?

Cette proposition a toute l'apparence d'un paradoxe, et, cependant, rien n'est plus facile que d'en démontrer la vérité. Nous venons de voir qu'il n'est pas nécessaire, pour avoir la possession *continue* d'une maison, d'une vigne ou d'une forêt, d'habiter constamment la maison, d'être tous les jours et à chaque instant du jour sur le champ ou dans la forêt occupé à défricher, labourer, moissonner ou à couper des arbres ; qu'il suffit que le possesseur fasse les actes de jouissance que comportent la nature et la destination de la chose qu'il détient ; or, la même idée s'adapte sans peine à une servitude de passage. Il n'est pas nécessaire, pour en avoir la possession *continue*, d'être continuellement sur le fonds servant, d'aller et de venir tous les jours et à chaque instant du jour ; il suffit de passer autant qu'on en a besoin pour l'exploitation régulière du fonds dominant, de l'exercer en un mot comme on ferait si elle nous appartenait réellement.

Ce n'est donc point la continuité telle qu'elle est exigée par l'article 2229, qui fait obstacle à la prescription des servitudes discontinues ; leur imprescriptibilité tient à d'autres motifs que j'expliquerai sous l'art. 2232 (V. p. 57).

D'où vient donc qu'elles ne sont pas susceptibles d'être acquises par la prescription ?

Art. 2234.

—Est-ce à celui qui invoque une prescription à prouver la *continuité* de sa possession, pendant tout le temps requis pour prescrire ? faut-il qu'il établisse, 1° qu'il possède aujourd'hui ; 2° qu'il a commencé à posséder à telle époque ; 5° et qu'il n'a pas cessé dans l'intervalle de ces deux époques de faire des actes de jouissance ? On comprend sans peine que cette dernière preuve serait d'une difficulté à peu près insurmontable. Aussi la loi établit-elle à son profit une présomption qui l'en dispense : le possesseur *actuel* qui prouve avoir possédé *anciennement*, est présumé avoir possédé dans le temps intermédiaire : *probatis extremis, praesumuntur media* ; c'est à celui qui prétend le contraire à le prouver.

Est-ce à celui qui invoque une prescription à prouver que sa possession a été continue ? Ne suffit-il pas qu'il prouve sa possession actuelle et le commencement de la possession ?

II. *Non interrompue…* L'interruption est *civile* ou *naturelle* (art. 2243). La possession est interrompue *civilement* :

1° Par la reconnaissance que le possesseur fait du droit de celui contre lequel il prescrit (art. 2248) ;

2° Par des poursuites judiciaires faites contre le possesseur par le propriétaire (art. 2244).

Combien y a-t-il d'espèces d'interruptions ? Quand la possession est-elle interrompue civilement ?

Dans l'un et l'autre cas la possession est interrompue, bien que le possesseur ait conservé l'intention de posséder et qu'il ait fait des actes de jouissance susceptibles de fonder la *continuité*.

Elle est interrompue *naturellement* :

1° Lorsque le possesseur l'abandonne volontairement, *encore bien qu'il la reprenne quelques jours après* (V. p. 27) ;

Naturellement ?

2° Lorsqu'il est dépossédé, soit par le propriétaire, soit par un tiers, *si toutefois sa dépossession a duré un an, sans réclamation de sa part* (V. p. 27 et p. 28).

—*L'interruption naturelle* sera presque toujours un obstacle à la *continuité* de la possession ; le contraire peut cependant arriver. Il se peut que la possession ait été *continue*, quoique *interrompue* naturellement. Un possesseur a été dépossédé et sa dépossession a duré un an sans réclamation de sa part ; sa possession a été *interrompue*. Il s'est fait ensuite restituer dans son ancienne possession et assez à temps pour pouvoir faire un acte de jouissance qui, joint au précédent, constitue une jouissance régulière et normale de la chose qu'il détient : sa possession a été *continue* (1) (V. p. 28).

L'interruption naturelle et la discontinuité ne font-elles qu'une seule et même chose ? En d'autres termes, se peut-il que la possession ait été continue quoique interrompue ?

Dans ce cas, la prescription aura été empêchée non pas par la *discontinuité*, mais par l'*interruption* de la possession.

(1) M. Val.

Quelques auteurs n'indiquent-ils point une différence entre la *discontinuité* et l'*interruption naturelle* ?

Art. 2233.

Quand peut-on dire que la possession n'a pas été paisible ?

Le vice résultant de la violence subsiste-t-il encore après que la violence a cessé ?

Mais alors, quel obstacle sérieux apporte-t-elle donc à la prescription ? un obstacle de quelques instants !

— Suivant quelques personnes, il y a *discontinuité*, lorsque le possesseur abandonne volontairement la possession ; *interruption naturelle*, lorsqu'il est dépossédé par un tiers. La *discontinuité* vient du fait du possesseur ; l'*interruption naturelle*, du fait d'autrui.

III. *Paisible...* Elle ne l'est point :

1° Lorsqu'elle est acquise par violence (art. 2233) ;

2° Lorsqu'elle est entravée par des tentatives d'usurpation de la part du propriétaire, par des actes réitérés qu'il n'a pu comprimer que par la force : la possession qui n'a été qu'une longue dispute accompagnée de voies de faits et de rixes, n'a point, en effet, ce caractère pacifique qu'exige la loi pour fonder la prescription (1). Ainsi, celui qui ne se *met* en possession ou ne s'y *maintient* que par la violence ne prescrit point.

Selon le droit romain, le vice résultant de la violence subsistait encore après qu'elle avait cessé ; il n'était purgé que par le retour de la chose entre les mains du propriétaire spolié (2), ou par un arrangement fait avec lui. Il n'en est pas de même aujourd'hui : aussitôt que la violence cesse, le vice est purgé et une possession utile prend naissance.

— Mais, dira-t-on, la violence est un fait qui de sa nature n'a pas de durée. Un seul instant suffit, quelquefois, pour l'exercer et atteindre le but qu'on se propose en l'exerçant ! or, si dès qu'elle cesse le possesseur commence à

---

(1) Quelques personnes pensent que la possession est *paisible* par cela seul qu'elle a été *acquise* sans violence, qu'elle ne cesse point de l'être, lorsque le possesseur la conserve, en repoussant par la force les actes par lesquels le propriétaire a tenté d'entraver sa jouissance. En effet, peut-on dire, la possession que le possesseur défend contre les agressions dirigées contre lui ne fait-elle pas, mieux que toute autre, apparaître, dégagé de toute espèce de doute, l'*animum domini*? Quelle faute le possesseur qui repousse la force par la force a-t-il donc commise? N'a-t-il pas, en agissant ainsi, usé d'un droit légitime? Quelle raison y a-t-il de le protéger moins que ceux dont la possession n'est pas troublée? Quoi! parce que le propriétaire, au lieu d'agir en justice pour faire reconnaître son droit, aura fait de vains efforts pour m'enlever ma possession, parce qu'il m'aura, chaque année, troublé dans ma jouissance par des attaques à main armée je serai privé du bénéfice de la prescription! Ces actes illégitimes auront empêché la prescription de courir à mon profit! N'est-ce pas une chose bien étrange qu'un acte de violence soit assimilé à une interruption légitime de la prescription, qu'un délit devienne pour son auteur la source d'un droit!

Cette critique est fort juste, sans doute, mais elle ne suffit point pour corriger le droit; or, les anciens auteurs nous apprennent que la possession n'est pas *paisible*, qu'elle ne peut point fonder la prescription, lorsque le possesseur n'a point joui *franchement* et *sans inquiétation* (art. 113 de la Coutume de Paris), c'est-à-dire lorsqu'il est entravé par des actes de violence de la part du propriétaire, soit par des luttes répétées, soit par des interpellations ou demandes judiciaires ; les combats que le propriétaire livre pour recouvrer sa chose constituent l'*inquiétation* ou interruption *naturelle*; les interpellations ou demandes judiciaires constituent l'*inquietatio* ou interruption *civile*. Telle est, je crois, l'idée que les rédacteurs du Code ont voulu reproduire.

(2) S'il perdait de nouveau la possession, mais cette fois sans violence, celui qui l'acquerrait pouvait usucaper.

prescrire, quel obstacle sérieux apporte-t-elle à la prescription? Un obstacle de quelques instants!

Cela est vrai en général; mais il arrive quelquefois que la violence a une certaine durée : elle peut continuer pendant des années; telle est la violence morale; telle est encore la violence physique exercée par voie de séquestration.

— Le vice né de la violence, est *relatif* : il ne peut être invoqué que par celui qui a été violenté, ou par ses représentants.

Le vice résultant de la violence est-il absolu ou seulement relatif?

Ma possession est violente à l'égard de *Primus*; je l'ai expulsé par la force et il m'a laissé jouir : si *Primus* est propriétaire du fonds que je possède, s'il le revendique et que je lui oppose la prescription, il peut la repousser, en prouvant que la possession sur laquelle je la fonde a été entachée de violence à son égard. Il a été, par suite de la violence qu'il a subie, dans l'impossibilité physique ou morale de faire valoir son droit; or, *contra non valentem agere non currit præscriptio*. Mais si ce n'est pas lui qui est propriétaire de la chose que je possède, si elle appartient à *Secundus* qui la revendique, je puis utilement lui opposer la prescription; elle a pu courir contre lui, puisqu'il n'a pas été empêché d'agir; il a pu agir, puisqu'il n'a subi aucune violence (1).

IV. *Publique*... La clandestinité, dit Dunod, est un obstacle à la prescription, parce que les intéressés n'ayant pas pu connaître la possession sont excusables de ne s'y être pas opposés. C'est une nouvelle application du principe : *contra non valentem agere non currit præscriptio*.

Qu'est-ce que la clandestinité?

La possession est publique, lorsque le possesseur n'a rien fait pour la cacher à celui qui avait intérêt à la connaître, quoique celui-ci l'ait d'ailleurs ignorée.

Quand la possession est-elle publique?

— Si la possession qui a été clandestine à son origine devient plus tard publique, le vice dont elle était infectée se trouve purgé; dès cet instant, le possesseur commence à prescrire.

Quid, si la possession clandestine à son origine cesse ensuite de l'être?

Si, en effet, la possession, qui a été violente dans le commencement, devient utile pour la prescription, dès que la violence a cessé, à bien plus forte raison doit-il en être de même de celle qui est devenue publique après avoir été clandestine; je dis à bien plus forte raison, parce que le vice né de la violence est bien plus grave que celui qui résulte de la clandestinité. La loi a dû s'expliquer sur ce point, quant à la violence, parce qu'on suivait, en droit romain, une doctrine contraire; mais on n'a jamais douté à Rome que la possession qui cesse d'être clandestine ne devint, à partir de sa transformation, utile pour l'usucapion (2).

— Le vice résultant de la clandestinité, de même que celui qui est né de la violence, n'est que *relatif*; celui-là seulement peut l'invoquer qui n'a pas pu, parce qu'on la lui a cachée, connaître la possession qu'on lui oppose.

Le vice résultant de la clandestinité est-il absolu ou simplement relatif?

Mettons, par quelques espèces, ces principes en lumière. Afin d'agrandir mes caves, j'en ai fouillé une sous la maison voisine; je l'ai possédée pen-

(1) M. Dur., t. XXI, n. 210; M. Val.
(2) M. Val.

dant trente ans, sans discontinuité ni interruption : l'ai-je acquise par prescription?

Oui, si le propriétaire de la maison voisine *a pu* la connaître, c'est-à-dire, s'il existe quelque signe apparent, tel qu'un soupirail, qui indique et signale l'usurpation que j'ai faite. Peu importe qu'il l'ait connue ou non ; il pouvait la connaître, cela suffit.

Non, s'il n'existe aucun signe, ni porte, ni soupirail construit de manière à lui révéler la possession qu'il avait intérêt à connaître.

J'ai possédé clandestinement cette cave pendant cinq ans ; puis j'ai pratiqué une ouverture qui a rendu ma possession publique : les cinq ans antérieurs ne comptent point pour la prescription ; mais je commence à prescrire dès le jour où ma possession clandestine a été transformée en possession publique.

La maison sous laquelle j'ai pratiqué une cave est habitée par *Primus* ; mais *Primus*, que je considère comme propriétaire, ne l'est point ; ce n'est qu'un simple possesseur ; la maison appartient à *Secundus*, qui habite une autre maison voisine de la mienne. La cave que je possède est éclairée par un soupirail ; je l'ai construit de manière qu'il ne puisse pas être aperçu de *Primus*, dont je crains les réclamations ; mais *Secundus*, dont je ne me défie point, peut facilement l'apercevoir. J'ai, en un mot, caché ma possession à *Primus* ; je ne l'ai point cachée à *Secundus* : elle est clandestine à l'égard du premier, elle ne l'est pas à l'égard du second. Celui-ci ne pourra point, si je lui oppose la prescription, argumenter, pour en triompher, de la circonstance que ma possession était clandestine à l'égard de *Primus* ; il a connu ou pu connaître ma possession ; dès lors il ne peut point invoquer la maxime *contra non valentem...*, etc.

Quels sont ceux qui possèdent *précairement?*

V. *A titre* (c'est-à-dire en qualité) *de propriétaire...* — C'est ce qu'expriment les anciens auteurs, lorsqu'ils disent que la possession ne peut fonder la prescription, si elle n'est exempte de *précarité.*

Ceux-là possèdent *précairement* qui possèdent une chose *tanquam alienam*, qui, par les actes qu'ils font, avouent tacitement que la chose qu'ils détiennent, que le droit qu'ils exercent ne sont pas les leurs, qui, en un mot, reconnaissent un maître au-dessus d'eux. Ainsi, ceux qui détiennent une chose en qualité d'acheteurs, de donataires, de coéchangistes, de légataires, possèdent *à titre de propriétaires.* Il en est de même du voleur et du possesseur violent ; car ils ont, plus que tout autre, l'*animum domini.* Les fermiers, locataires, ou dépositaires, etc., sont, au contraire, des *détenteurs précaires*, car ils reconnaissent un maître ; ils n'ont point l'*animum domini* ; ils possèdent, non pour eux, mais pour leur auteur, c'est-à-dire pour celui au nom duquel ils détiennent, pour le bailleur, le déposant, etc... ; c'est pour lui, et non pour eux qu'ils prescrivent (V., pour plus de détails, l'explic. des art. 2236 à 2239).

Art. 2230 et 2231. Est-ce au possesseur à prouver qu'il

— L'*animus domini* est quelquefois l'objet de contestations fort vives. Le détenteur soutient qu'il a possédé pour son propre compte et non pour un autre ; celui auquel il oppose la prescription affirme, au contraire, que sa possession a été *précaire* : que décider dans ce cas, si les preuves manquent

de chaque côté? La loi a prévu et réglé cette difficulté par deux présomptions.

1° Dans le doute, le détenteur est présumé avoir possédé *pour lui-même.* Cette présomption lui tient lieu de preuve, mais elle n'est pas invincible; l'autre partie peut la combattre et la faire tomber par la preuve du contraire.

a possédé pour lui-même?

Quid, s'il est établi qu'il a commencé à posséder pour un autre?

2° Celui qui a commencé à posséder *pour autrui* est présumé avoir continué de posséder au même titre. Si donc il soutient qu'à une certaine époque sa possession, qui était précaire dans l'origine, s'est transformée en une possession utile pour la prescription, c'est à lui de le prouver. — Mais comment fera-t-il cette preuve? C'est toute une théorie à faire : je l'exposerai sous l'article 2238.

Quid, si celui qui invoque la prescription a commencé à posséder *pour autrui?*
Comment prouvera-t-il qu'il a cessé ensuite de posséder à ce titre?

—La *précarité* n'est point, comme la *clandestinité* et la *violence,* un vice *relatif*; le vice qu'elle engendre est *absolu.* Il peut être invoqué non-seulement par celui que le détenteur reconnaissait comme maître, mais encore par toute autre personne intéressée. Il faut, en effet, *posséder* pour prescrire; or, ceux qui détiennent une chose pour autrui *ne possèdent point* (art. 2228); ils sont donc incapables de prescrire à l'égard de qui que ce soit. *Primus,* qui possédait mon domaine, vous en a passé bail ; vous en avez joui pendant trente ans, en qualité de fermier : si je le revendique contre vous, vous ne pourrez point m'opposer la prescription, car, aux yeux de la loi, ce n'est pas vous qui avez possédé ; le véritable possesseur, c'est *Primus.* Un débat pourra s'engager entre lui et moi, car, s'il a possédé *animo domini,* il a prescrit le domaine que vous avez détenu pour lui ; mais il se peut qu'il ne veuille point user contre moi du bénéfice de la prescription.

La *précarité* constitue-t-elle un vice *absolu* ou simplement *relatif?*

VI. *Non équivoque...* — La possession est équivoque, dit-on, lorsqu'elle est incertaine, douteuse, soit en elle-même, soit dans l'un ou l'autre des caractères qu'elle doit avoir pour conduire à la prescription.

Quand la possession est-elle *équivoque?*

Celui qui invoque la prescription doit prouver :

1° Le commencement de sa possession.—Si les preuves qu'il fournit à l'appui de sa prétention ne sont point décisives, sa possession est *douteuse* ou *équivoque*: la prescription n'a point lieu.

2° Que sa possession a été *continue.*—S'il existe quelque doute (1) à cet égard, la *continuité* de sa possession étant équivoque, la prescription n'a pas pu courir à son profit.

3° Qu'elle a été *publique.*—Un doute peut exister à cet égard ; s'il existe, la publicité de sa possession étant équivoque, la prescription est impossible.

(1) Mais comment le doute peut-il exister? La loi ne présume-t-elle point la *continuité?* Cela me semble évident; la loi présume, en effet, que le possesseur actuel qui prouve avoir possédé anciennement a possédé dans le temps intermédiaire (V. p. 29). N'est-ce pas présumer par là même que le possesseur a fait, pendant ce temps, tous les actes de jouissance qui constituent la *continuité?* C'est donc à celui qui repousse la prescription à prouver la *discontinuité!* Or, si les preuves qu'il donne à cet effet ne sont point décisives, la présomption de *continuité* subsiste; dès lors la possession ne peut pas être équivoque sous ce rapport.

Je dis de même qu'elle ne peut pas être équivoque quant à la *non-interrup-*

4° Qu'il a possédé en qualité de propriétaire.—S'il n'est point démontré par des preuves décisives qu'il a possédé pour lui, et non pour un autre, que sa possession est exempte de précarité, sa possession étant équivoque sous ce rapport, il ne lui est pas permis d'invoquer le bénéfice de la prescription.

Mais, dira-t-on, il ne peut pas y avoir équivoque sur la question de savoir si le possesseur a possédé pour lui ou pour un autre : le doute à cet égard n'est point possible, puisque, aux termes de l'article 2230, le possesseur est toujours présumé, tant que la preuve contraire n'est pas faite, avoir possédé pour soi et en qualité de propriétaire!

L'observation est juste. On peut cependant faire une espèce où l'équivoque sera possible. Il faut supposer qu'un détenteur, qui a commencé à posséder pour autrui, soutient que sa possession, qui était précaire à son origine, a été transformée plus tard en possession à titre de propriétaire ; si les preuves qu'il fournit à cet effet ne sont point décisives, s'il n'établit pas d'une manière non douteuse l'existence de l'un des deux faits prévus dans l'article 2238, sa possession est équivoque *quant à la précarité* (V. p. 44, in fine, et 45).

Art. 2232.

§ V. DE LA RÈGLE QUE LES ACTES DE PURE FACULTÉ OU DE SIMPLE TOLÉRANCE NE PEUVENT FONDER NI POSSESSION NI PRESCRIPTION.

Quel est le sens de la règle que *les actes de pure faculté* ne peuvent fonder ni possession ni prescription ?

Tous les droits ne consistent - ils point en une *faculté* ?

I. Les actes de *pure faculté ne peuvent fonder ni possession ni prescription*. — Cette règle est fort obscure. On la traduit ainsi : Celui qui profite indirectement de l'inaction d'une autre personne qui s'abstient de faire des actes de pure faculté, ne peut point prescrire contre elle à l'effet d'acquérir le droit de l'empêcher de faire ces actes à l'avenir.

Si cette règle avait le sens absolu qu'elle paraît avoir, si on la prenait à la lettre, aucune prescription ne serait possible, car tous les droits, sans exception, consistent dans la *faculté* de faire certains actes.

Une créance n'est rien autre chose que la *faculté* d'exiger du débiteur ce qu'il nous doit : faut-il en conclure que le créancier qui est resté trente ans dans l'inaction, à compter de l'exigibilité de la dette, a conservé le droit d'agir contre son débiteur et de le forcer à payer ? Cette conclusion serait la négation de la prescription libératoire consacrée par les articles 2219 et 2262!

L'usufruit et l'usage consistent dans la *faculté* de percevoir les fruits d'une chose dont la propriété est à un autre ; les servitudes réelles, telles qu'un droit de passage ou d'aqueduc, dans la *faculté* de se servir du fonds servant pour l'avantage et l'utilité du fonds dominant : l'usufruitier, l'usager ou le maître du fonds dominant, peuvent-ils donc rester impunément dans l'inaction ? Est-il vrai que leur droit subsistera, alors même qu'ils seront restés

tion; ce n'est pas, en effet, au possesseur à prouver que sa possession n'a pas été interrompue naturellement ou civilement ; c'est à son adversaire à faire la preuve contraire : s'il n'y réussit point, la non-interruption est présumée ; il ne peut donc y avoir de doute à cet égard.

Enfin le possesseur n'a pas non plus à prouver que sa possession a été paisible : elle est présumée l'être ; car la violence est un fait exceptionnel qui ne se présume point.

trente ans sans l'exercer? Ce serait l'abrogation des articles 617, 625, 706,
aux termes desquels les servitudes personnelles ou réelles s'éteignent par
le non-usage pendant trente ans !

La propriété consiste dans la *faculté* de retirer d'une chose toute l'utilité
qu'elle peut donner, d'en percevoir les fruits, d'en disposer, de la posséder,
et par suite d'empêcher les actes que les tiers font sur elle : le propriétaire
qui l'aura laissé posséder pendant trente ans par un tiers, qui n'aura point
empêché le possesseur de faire des actes de jouissance, pourra-t-il donc soutenir que la prescription n'a point couru contre lui? Mais alors, quand donc
la prescription serait-elle possible? Dans quel cas l'article 712, qui admet le
principe de l'acquisition de la propriété par la prescription, recevrait-il son
application ?

La règle que les actes de *pure faculté* ne peuvent fonder aucune prescription, ne s'applique donc ni au créancier qui est resté dans l'inaction pendant
trente ans, à compter de l'exigibilité de la dette, ni à l'usufruitier, ni à l'usager, ni au propriétaire d'un fonds dominant, qui pendant le même laps de
temps ont négligé d'user de leur droit, ni, enfin, au propriétaire qui laisse
posséder sa chose par un tiers.

Dans quel cas s'applique-t-elle donc ? Il faudrait, pour répondre à cette
question, déterminer d'une manière exacte quels sont les actes que la loi dé-
signe dans notre article sous la dénomination d'*actes de pure faculté*, et in-
diquer à quels signes, à quels caractères on peut reconnaître les *facultés*
prescriptibles de celles qui ne le sont pas. J'ai longtemps cherché une formule qui embrassât tous les cas ; je n'en ai point trouvé qui fût pleinement
satisfaisante. Peut-être cependant peut-on dire, du moins en général :

1° *Que les* FACULTÉS *prescriptibles sont celles qui consistent dans le droit
d'exercer une action* CONTRE UN TIERS, OU DE FAIRE DES ACTES DE JOUISSANCE
SUR LA CHOSE D'AUTRUI (1).

Ainsi, lorsqu'un créancier n'a pas exercé en temps utile la faculté qu'il
avait de se faire payer par son débiteur, son action est éteinte par la prescription. Il en est de même de l'action qu'a le propriétaire pour recouvrer
sa chose, lorsqu'elle est possédée par un tiers; s'il ne l'exerce point dans
les délais de la loi, il perd la faculté qu'il avait d'évincer le possesseur.
Enfin, si l'usufruitier, l'usager, le propriétaire du fonds dominant s'abstien-
nent des actes de jouissance qu'ils ont le droit de faire, le propriétaire de
l'immeuble grevé de ces charges s'en trouve affranchi après un certain temps.

2° *Que les actes de pure faculté auxquels la prescription ne s'applique
point, sont ceux qu'il nous est permis de faire, soit sur notre propre chose,
soit sur une chose dont la jouissance est publique ou communale. ou plus
généralement : ceux que nous pouvons faire, soit en vertu d'une disposition
permissive d'une loi municipale ou d'un statut local, soit en vertu du droit
naturel* (2).

On ne perd pas la liberté de faire ces actes, quoiqu'on soit resté long-

Quels sont donc les droits ou facultés auxquels notre règle est applicable, et ceux auxquels elle ne l'est point ?

----

(1) Cette formule ne s'adapte point à la faculté d'accepter ou de répudier une
succession; cette faculté est cependant prescriptible (art. 789).
(2) M. Dur., 21, n. 232 et suiv.

temps sans les faire, et réciproquement on n'acquiert pas le droit de les faire, à l'exclusion de toute autre personne, quoiqu'on les ait faits seul pendant longtemps. Parcourons quelques espèces.

1° J'ai le droit ou la faculté de bâtir sur le terrain qui m'appartient (art. 552) ; voici trente ans et plus que j'en jouis, en le cultivant ; j'y veux aujourd'hui élever une maison : le puis-je ? Ai-je perdu, en ne l'exerçant point, la faculté que j'avais de construire sur mon terrain ? Mon voisin a-t-il acquis le droit de m'empêcher d'exercer cette faculté dans l'avenir, parce que je me suis abstenu de l'exercer pendant trente ans ? En d'autres termes, a-t-il acquis sur mon terrain la servitude de ne pas bâtir ? Il n'a rien acquis ! ma faculté est restée intacte ! et la raison en est bien simple : Acquérir un droit par la prescription, c'est l'acquérir en le possédant ; posséder un droit sur la chose d'autrui, c'est envahir cette chose, c'est empiéter sur le droit de celui auquel elle appartient. Or, dans l'espèce, que s'est-il passé ? Je n'ai point usé, pendant trente ans, de la faculté que j'avais de bâtir ; mon voisin a pu profiter indirectement de cette circonstance ; mais cela fait-il qu'il ait possédé quelque chose de mon droit ? Non assurément ! Il n'a rien envahi de ma chose ; il n'a rien fait à l'encontre de ma faculté : elle est donc restée intacte (1).

2° J'ai le droit, la faculté de pratiquer dans le mur de mon bâtiment, qui joint immédiatement votre terrain, des jours à fer maillé et à verre dormant (art. 676) ; j'ai négligé de le faire depuis plus de trente ans : ai-je perdu la faculté de les ouvrir aujourd'hui ? Non ; ma faculté est la même qu'auparavant. Vous n'avez pas acquis le droit de m'empêcher de l'exercer pour l'avenir, par la raison bien simple que n'ayant rien possédé de ma chose, vous n'avez rien prescrit de mon droit.

— Ainsi, en ce qui touche les rapports de voisinage, la règle que les actes de pure faculté ne peuvent fonder ni possession, ni prescription, signifie que l'inaction du propriétaire qui néglige pendant trente ans de faire sur sa chose les actes qu'il a le droit d'y faire, ne fonde point, au profit du propriétaire voisin, la prescription à l'effet d'acquérir le droit de s'opposer à ces actes pour l'avenir ; ce qui revient à dire, en termes plus simples, qu'on n'acquiert point par prescription les servitudes non apparentes (art. 691).

3° Je reste pendant trente ans sans aller puiser de l'eau à une fontaine communale, sans conduire mes troupeaux dans une forêt sur laquelle la commune où je suis domicilié a le droit de pacage : la faculté que j'avais de puiser de l'eau à la fontaine commune, de faire paître mes troupeaux dans la forêt, subsiste comme par le passé ; mes voisins, quoique ayant joui seuls de la fontaine ou de la forêt, n'ont point acquis le droit de m'empêcher d'exercer dans l'avenir la faculté que j'ai laissée inactive jusqu'à ce jour ; personne ne l'a envahie, possédée ; personne, par conséquent, ne l'a prescrite.

4° Enfin, il est plus qu'évident que les facultés naturelles de l'homme,

(1) Remarquons cependant que l'usufruit se perd par *cela seul* que l'usufruitier néglige de l'exercer pendant trente ans ; mais, s'il en est ainsi, c'est que la loi voit avec faveur le retour de l'usufruit à la propriété.

telles que la faculté de se marier, de contracter, de changer de domicile...
restent pleines et entières, quoiqu'on ne les ait pas exercées pendant plus
de trente ans. .

II. *Les actes de simple tolérance ne peuvent fonder ni possession ni pres-*
cription.— Dunod appelle actes de tolérance, ceux que l'on fait sous le bon
plaisir et vouloir d'un autre qui demeure le maître de les faire cesser quand
il le trouve à propos ; ce sont, en d'autres termes, ceux qu'un autre à le
droit d'empêcher, mais qui, à *raison du peu de préjudice qu'ils lui causent,*
les laisse faire par familiarité et à titre de bon voisinage.

L'accomplissement de ces actes ne peut point fonder pour celui qui les
fait une prescription à l'effet d'acquérir le droit de les faire dans l'avenir. C'est
par cette règle qu'on explique la disposition de l'article 691, portant que
les servitudes *discontinues* ne s'acquièrent point par prescription.

Votre voisin a, pendant plus de trente ans, puisé de l'eau à votre fontaine, passé sur votre champ, conduit sa chèvre et ses brebis le long de vos
haies, ou sur vos terres après la récolte faite et les fruits enlevés : a-t-il acquis, en accomplissant ces actes pendant le temps requis pour la prescription, les servitudes discontinues de puisage, de passage et de pacage ?
Non ! votre droit est resté intact ; vous pourrez, quand vous le jugerez à propos, vous opposer aux actes que vous avez tolérés jusqu'alors. '

Votre voisin a pratiqué des vues, des jours à la distance prohibée, appuyé
sa poutre sur votre mur, construit des gouttières qui répandent l'eau sur
votre terrain, un aqueduc sur votre champ pour y prendre les eaux et les
conduire sur le sien ; les choses sont restées, pendant trente ans, en cet
état, sans contestation de votre part : votre voisin a-t-il acquis, par prescription, les servitudes *continues* dont il a joui paisiblement pendant trente
ans, la servitude de vue, la servitude *oneris ferendi,* les servitudes d'égout
et d'aqueduc ? Oui ! désormais vous êtes tenu de les subir ; vous avez perdu
le droit de faire rétablir les choses en leur état primitif.

D'où vient cette différence entre les servitudes *continues* et les servitudes
discontinues ? Pourquoi les unes sont-elles prescriptibles, tandis que les autres ne le sont point ?

Voici, si je ne me trompe, la raison qu'on en peut donner.

Les servitudes *continues* portent, par leur nature même, une grave atteinte à la propriété ; elles sont un obstacle sérieux, continu et permanent à
l'exercice du droit du propriétaire qui les subit ; dès lors il est peu probable
qu'il les souffre à titre de bon voisinage et par tolérance : le préjudice qu'elles
causent est trop grand pour qu'on puisse justifier de cette manière l'inaction dans laquelle il est resté pendant trente ans. Il est bien plus naturel de
supposer que s'il les a laissé établir, et souffertes sans aucune protestation,
c'est que son voisin y avait un droit légitime ; la loi présume, en conséquence, qu'elles ont été établies en vertu d'un arrangement, dont le titre
est perdu.

Il n'en est point de même des servitudes *discontinues ;* celui qui les subit en souffre à peine ; dès lors qu'importe qu'il les ait, sans protester, laissé
exercer pendant trente ans ! Son inaction ne peut faire naître aucune
induction contre lui. On ne peut plus dire, comme dans la précédente hy-

Les actes de simple tolérance peuvent-ils fonder la possession, et par suite la prescription ?
Qu'entend-on par actes de simple tolérance ?

Pourquoi l'accomplissement de ces actes ne peut-il point fonder la prescription à l'effet d'acqué-rir le droit de les faire pour l'avenir ?
Peut-on acquérir par prescription les servitudes *disconti-nues ?*

Quelle est la cause de la différence exis-tant à cet égard entre les servitudes *discontinues* et les servitude *continues ?*

pothèse, que, s'il les a souffertes pendant tant d'années, c'est que celui qui les a exercées y avait un droit acquis, en vertu d'un arrangement antérieur dont le titre est perdu. Une autre explication se présente plus naturellement à l'esprit : s'il en a subi l'exercice pendant si longtemps, c'est parce qu'elles ne lui causaient qu'un préjudice si imperceptible qu'il l'a négligé ; il les a souffertes par tolérance, à cause des bons rapports qui doivent exister entre propriétaires voisins ! Cette interprétation de son inaction est, je le répète, toute naturelle ; elle est plus rationnelle que l'autre ; elle a dû être admise. Autrement les rapports de bon voisinage, que la loi doit encourager dans un intérêt d'ordre public bien entendu, eussent été impossibles, car les propriétaires, menacés de la prescription, n'eussent rien toléré de la part de leur voisin (1).

§ VI. DE L'UNION DE LA POSSESSION DU SUCCESSEUR A CELLE DE SON AUTEUR.

Art. 2235.
Ne peut-on pas, pour compléter la prescription, joindre à sa possession celle de son *auteur* ?
Qu'entend-on par *auteur* ?
Comment appelle-t-on celui qui lui a succédé ?

« Pour compléter la prescription, on peut joindre à sa possession celle de *son auteur*, de quelque manière qu'on lui ait *succédé*, soit à titre lucratif ou à titre onéreux. » —On entend par *auteur* celui dont on tient la chose, auquel on a succédé quant à la chose qu'on possède, et par *successeur* ou *ayant cause* celui à qui la chose a été transmise.

Le mot *successeur* est pris ici dans un sens général ; il s'applique à toute personne qui, par succession proprement dite, achat, donation ou échange..., prend la place d'un autre.

Ainsi, lorsqu'une personne meurt, le défunt est *auteur* quant àses héritiers, ceux-ci sont ses *ayants cause* ou ses *successeurs*. Lorsqu'une chose change de mains par vente, donation, testament ou toute autre cause d'aliénation, *l'auteur* est celui qui aliène, c'est-à-dire le vendeur, le donateur ou le testateur ; l'ayant cause ou le successeur est celui qui acquiert, l'acheteur, le donataire ou le légataire.

L'ayant cause succède à tous les droits que son auteur avait sur la chose transmise, au droit de propriété, s'il était propriétaire, à sa possession, s'il n'était que possesseur. Dans ce dernier cas, l'auteur transmet à celui qui lui succède *causam usucapionis* ; de là la règle que le successeur qui se prévaut de la prescription peut compléter sa possession, en y joignant celle de son auteur. J'ai possédé, pendant vingt-cinq ans, une chose qui ne m'appartenait pas : si je meurs, si je vends, si je donne ou si je lègue cette

(1) Quelques personnes pensent que les servitudes *discontinues* ne sont point prescriptibles, parce qu'elles ne sont point susceptibles d'une possession *continue* ; c'est une erreur que j'ai relevée, p. 28 et 29.

D'autres enseignent que leur imprescriptibilité tient à ce que la possession qu'on en a est nécessairement *équivoque* ; il est, dit-on, impossible de savoir si celui qui prétend les avoir prescrites les a possédées *jure servitutis* ou à titre *de tolérance*. Cette raison ne m'a point paru bonne ; les servitudes discontinues sont, en effet, imprescriptibles, alors même qu'il est démontré, par un titre que le défendeur représente, qu'il les a exercées *animo domini, jure servitutis,* croyant y avoir droit : l'article 691 ne fait aucune distinction ; elles sont imprescriptibles dans tous les cas.

chose, il suffira, pour que la prescription soit acquise, que mon ayant-cause possède encore pendant cinq ans.

— Quoique la loi mette sur la même ligne le successeur *universel* et le successeur *particulier*, il existe entre eux cependant une différence capitale qui amène des différences pratiques fort importantes.

Les successeurs *universels*, les héritiers légitimes du moins, *continuent* et *représentent* la personne du défunt; ils *continuent* donc sa possession : rien n'est changé. L'héritier ne commence point une possession qui lui soit propre et personnelle; au lieu de deux possessions, nous n'en avons qu'une, celle du défunt avec ses qualités et ses vices. Ainsi, les successeurs (ou ayants cause) universels ne peuvent prescrire qu'autant et de la même manière que le défunt aurait pu prescrire lui-même (1).

De là, il résulte :

1° Que si le défunt détenait à titre *précaire* la chose qu'il a transmise, ses héritiers n'acquièrent qu'une possession vicieuse et impuissante à fonder la prescription (V. l'expl. de l'art. 2257); ainsi, les héritiers d'un fermier ou d'un locataire ne peuvent point prescrire, tant que la cause de leur possession n'a point été novée conformément à l'article 2238;

2° Que s'il possédait de mauvaise foi, la prescription, qui n'aurait pu s'accomplir que par trente ans (art. 2262), s'il eût continué de posséder, ne change point de nature à l'égard de ses héritiers : quoique de bonne foi, ils doivent, pour prescrire, continuer de posséder pendant tout le temps nécessaire pour compléter les trente années commencées par leur auteur;

3° Que s'il possédait de bonne foi, la prescription, qui se fût accomplie par dix ou vingt ans, s'il eût lui-même continué de posséder, conservera sa nature de prescription *décennale* ou *vicennale* à l'égard de ses héritiers : quoique de mauvaise foi, il leur suffira, pour prescrire, de continuer de posséder pendant le temps nécessaire pour compléter les vingt ou les dix années commencées par leur auteur.

Les successeurs (ou ayants cause) *particuliers*, tels que les acheteurs, les donataires, coéchangistes... ne continuant point la personne de leur auteur, aux obligations duquel ils restent étrangers, commencent une possession qui leur est propre et personnelle, et qui par conséquent est exempte des vices de la possession qui leur est transmise. Il y a alors deux possessions parfaitement distinctes et indépendantes, l'une qui est transmise de son auteur à son ayant cause, l'autre qui commence dans la personne de l'ayant cause et qui procède du titre en vertu duquel la chose qu'il détient lui a été livrée. Le nouveau possesseur peut, il est vrai, joindre à la possession qui lui est propre, celle qu'a eue son auteur; mais c'est une faculté dont il peut user ou ne pas user. La première est-elle utile, il peut la joindre à la sienne ; est-elle vicieuse, il la rejette et commence à prescrire, à compter du jour où la sienne a commencé. De là, les conséquences suivantes :

(1) Les héritiers irréguliers, les légataires universels ou à titre universel ne *représentent* point le défunt; mais, comme ils succèdent à ses obligations, on a toujours admis qu'ils reçoivent la possession telle qu'elle était dans la personne de leur auteur. Nous ne trouvons rien dans le Code qui puisse nous autoriser à penser que cette doctrine y a été abandonnée. (M. Dur., t. XXI, n. 239).

Quelle différence y a-t-il à faire, quant au point de vue qui nous occupe, entre les ayants cause *universels* et les ayants cause particuliers ?

Les ayants cause *universels* d'un détenteur précaire peuvent-ils prescrire ?

Quel est le temps de la prescription, lorsque l'*auteur* est de mauvaise foi, tandis que son ayant cause universel est de bonne foi ?

Quid, dans l'hypothèse inverse ?

Les ayants cause particuliers d'un détenteur précaire peuvent-ils prescrire ?

1° Une chose a été vendue, donnée ou léguée, soit par un possesseur violent, soit par un détenteur précaire, par exemple par un fermier ou un locataire : l'acheteur, le donataire ou légataire ne pourra point compter, pour la prescription, la possession vicieuse de son auteur; mais le vice dont elle est infectée ne l'empêchera point de prescrire, à compter du jour où la sienne aura commencé.

Quel est le temps de la prescription, lorsque l'auteur est de mauvaise foi, et son ayant cause particulier de bonne foi ?

L'ayant cause peut-il, dans ce cas, profiter de la possession de son auteur, à l'effet de compléter la prescription de dix ou vingt ans ?

Quid, si l'auteur est de bonne foi et son ayant cause de mauvaise foi ?

L'ayant cause profite-t-il, dans ce cas, de la possession de son auteur ?

2° Un possesseur de *mauvaise foi* qui n'a qu'un, deux ou trois ans de possession, vend, donne ou lègue la chose qu'il possède : l'acheteur, le donataire ou le légataire, *s'il est de bonne foi*, prescrira par dix ou vingt ans. Mais, bien entendu, il ne lui sera pas permis de compter les années de possession de son auteur.

3° Quoique son auteur ait possédé de bonne foi, l'ayant cause qui sait que la chose ne lui appartenait pas, ne peut prescrire que par trente ans. Mais il peut alors joindre à sa possession celle de son auteur (1).

— En résumé, le successeur *particulier* peut joindre à sa possession celle de son auteur, quand elle lui est utile, ou la rejeter, quand elle est vicieuse ou moins utile que la sienne propre. Cette faculté de séparer sa possession de celle de son auteur n'existe point pour les successeurs *universels*.

3ᵉ *répétition*.

CHAPITRE III. — DES CAUSES QUI EMPÊCHENT LA PRESCRIPTION.

Quel est l'objet du chapitre portant pour rubrique : Des causes qui empêchent la prescription ?

I. *Observation.* — Remarquons : 1° qu'il ne s'agit ici que des causes qui empêchent la prescription *acquisitive;* — 2° que ces causes se bornent à une seule, la *précarité*, déjà énoncée dans l'article 2229, en ces termes : « Pour prescrire, il faut une possession.... à *titre de propriétaire.* » Notre chapitre est tout entier consacré à l'explication de cette règle. Quant aux causes, autres que la *précarité*, qui empêchent la prescription *acquisitive*, et celles qui empêchent la prescription *libératoire*, il en est traité sous le nom d'*interruption* ou de *suspension* de la prescription, dans les sections I et II du chapitre IV.

Art. 2236.
Qu'était-ce que le précaire en droit romain ?

II. *De la précarité.* — Le *précaire* était, en droit romain, un prêt gratuit, accordé aux sollicitations, aux prières de l'emprunteur, et que le prêteur pouvait révoquer à sa fantaisie, selon son bon plaisir. Les lois modernes lui ont donné un sens beaucoup plus étendu : on considère aujourd'hui comme possesseurs *précaires* tous ceux qui détiennent une chose *sine animo domini*, qui, au lieu de la posséder *tanquam rem propriam*, la détiennent *tanquam rem alienam*. Ainsi, par exemple, possèdent *précairement* :

La précarité n'a-t-elle pas aujourd'hui un sens beaucoup plus étendu ?

En d'autres termes, quels sont ceux que la loi considère comme les détenteurs précaires ?

Les usufruitiers sont-ils des détenteurs précaires ?

Ne faut-il pas, à cet égard, faire une distinction ?

1° Les dépositaires et emprunteurs à usage ;

2° Les locataires, colons et fermiers;

3° Les usufruitiers, mais quant à la nue propriété seulement. — Ils détiennent précairement sous ce rapport, puisqu'ils reconnaissent un maître, un nu-propriétaire ; ce maître, au nom duquel ils détiennent la nue propriété et pour le compte duquel ils la possèdent, est la personne qui leur a concédé le droit d'usufruit qu'ils exercent. Mais au point de vue de l'usufruit, ils possèdent *animo domini*, puisqu'ils l'exercent pour eux, comme

____

(1) M. Dur., t. XXI, n° 241.

un droit qui leur est propre ; aussi peuvent-ils l'acquérir par la prescription.

— Faut-il considérer comme possesseurs précaires ceux qui, après avoir aliéné une chose, ne la livrent point à l'acquéreur et continuent d'en jouir ? Je précise ma question : Vous êtes mort après m'avoir payé le prix d'un domaine que je vous ai vendu ; vos héritiers, qui ignorent la vente, n'en exigent point l'exécution ; je reste donc détenteur du domaine ; j'en jouis pendant trente ans, sans réclamation de leur part : la prescription a-t-elle couru à mon profit ? ai-je acquis, par cette possession de trente ans, l'immeuble que j'avais aliéné ? Cette question dépend de la solution de celle-ci : Le vendeur qui n'a point livré la chose vendue, la possède-t-il *précairement*, c'est-à-dire au nom et pour le compte de l'acheteur, ou *animo domini*, c'est-à-dire *cum animo rem sibi habendi ?* Si on le considère comme un possesseur *précaire*, la prescription n'a pas lieu ; elle est possible, au contraire, si on décide qu'il possède pour lui, et non pour l'acheteur.

S'il a été convenu, par une clause particulière du contrat, que le vendeur conservera, pendant un certain temps, à titre de locataire, fermier ou dépositaire, la chose vendue, il est évident qu'il la détient précairement au nom et pour le compte de l'acheteur, et qu'ainsi il ne peut point prescrire. Mais faut-il décider de même dans le cas où le contrat ne contient aucune clause de cette nature ? L'affirmative est généralement soutenue ; on raisonne ainsi : Détenir une chose *précairement*, c'est la détenir en une qualité qui *implique l'obligation de la restituer* à son véritable maître ; c'est cette obligation qui imprime à la possession le vice de précarité, qui fait obstacle à la prescription (1).

Le vendeur qui ne livre pas la chose vendue, la détient en une qualité qui implique l'obligation de la livrer à l'acheteur : donc il possède précairement ; donc il ne peut pas prescrire.

Je ne crois pas cette solution bonne. J'admets, pour un instant, le principe sur lequel on l'appuie. Oui, dirai-je, celui-là est détenteur précaire qui détient une chose en vertu d'un titre qui l'oblige à restituer la chose à celui duquel il la tient ; mais cette règle n'est pas applicable à notre espèce. Si le vendeur possédait en *sa qualité de vendeur*, c'est-à-dire en vertu du titre de vente qui l'oblige à livrer la chose à son acheteur, le système que je combats serait irréprochable. Mais le vendeur possède-t-il donc en vertu du titre de vente ? est-il vrai que ce soit la vente qui soit la *cause* de sa possession ? Personne ne le soutiendra ! Il est tenu, obligé, sans doute, de livrer la chose à l'acheteur ; mais son obligation ne dérive point du titre de la possession, puisqu'il possède sans titre.

La prétendue règle que le possesseur ne prescrit point quand il est tenu de l'obligation personnelle de rendre la chose à son véritable maître, n'est d'ailleurs qu'un préjugé juridique ; elle n'est écrite nulle part !

Est-ce que le voleur n'est pas obligé personnellement à la restitution de la chose volée ? Cela l'empêche-t-il de la prescrire ?

Celui qui, volontairement, reconnaît que la chose qu'il possède appartient à un autre ne s'oblige-t-il point implicitement à la rendre à celui qu'il

Le vendeur ou le donateur qui n'a pas encore livré la chose qu'il a vendue ou donnée la détient-il précairement ? Peut-il la prescrire ?

______

(1) M. Dur., t. XXI, n° 243.)

reconnaît pour maître? Or, quel est l'effet de cette reconnaissance du droit du véritable propriétaire? Elle rend inefficace la possession antérieure, mais sans l'entacher de précarité pour l'avenir! La prescription n'est qu'*interrompue*!

Tous ceux qui acquièrent une chose sous une condition résolutoire s'obligent à la restituer, au cas où la condition se réalisera. Je la suppose réalisée: dira-t-on que l'acquéreur, étant obligé de rendre la chose qu'il détient, ne peut point la prescrire? Mais la loi nous enseigne elle-même que le possesseur peut reconquérir par la prescription la propriété qu'il a perdue par l'effet d'une condition résolutoire (art. 966)!

On voit donc que l'obligation où se trouve le possesseur de rendre la chose à son véritable maître n'est pas toujours un obstacle à la prescription. Il y a, à cet égard, une distinction fondamentale à faire.

Cette obligation est-elle la *condition* de la possession acquise, comme, par exemple, l'obligation du dépositaire, du locataire, du fermier, de l'usufruitier, sa possession est entachée de précarité, il ne peut point prescrire. Et la raison en est bien simple; le titre qui est la cause de sa possession explique *pourquoi le propriétaire ne se la fait pas rendre;* l'inaction du propriétaire se trouve ainsi expliquée et justifiée; dès lors on n'en peut tirer aucune induction contre lui.

N'est-elle, au contraire, qu'un effet de la possession acquise, ou d'un titre autre que celui en vertu duquel on possède, elle n'empêche point alors la prescription; dans ce cas, en effet, le titre en vertu duquel le possesseur détient la chose n'explique pas *pourquoi le propriétaire ne la réclame pas.* L'inaction du propriétaire n'a plus sa justification naturelle; la prescription doit par conséquent courir contre lui.

Or, lorsque le vendeur ne livre point la chose vendue, le titre de vente explique-t-il pourquoi la chose est entre ses mains, *pourquoi le propriétaire ne se la fait point rendre?* En aucune façon! car précisément, d'après ce titre, la chose ne devrait pas être entre ses mains (1).

On peut me faire cette objection: si la vente porte cette clause expresse, *le vendeur s'est dessaisi de la chose vendue pour en saisir l'acheteur,* cette dessaisine ou tradition civile imprimerait certainement à la possession réelle retenue par le vendeur le vice de précarité; or, d'après les principes nouveaux du Code, cette dessaisine ou possession civile est toujours sous-entendue (V. dans le 2ᵉ examen, p. 496, in fine, et suiv., l'explic. de l'art. 1138); donc, etc.

Je réponds que cette tradition civile ou feinte est une pure fiction, qui n'a trait qu'à la translation de la propriété, et qu'une fois le but atteint, la propriété transférée, on rentre dans la réalité. Or, la réalité est que le vendeur qui n'a point fait de tradition réelle continue de posséder, et *pro suo,* la chose que l'acheteur laisse en ses mains.

Quels sont les effets de la précarité?

III. *Des effets de la précarité.* — Elle fait obstacle à la prescription *ac-*

---

(1) Il résulte d'un passage de Domat, que le vendeur ne possède *précairement* la chose qu'il a vendue et qu'il retient, qu'autant qu'on a mis dans le contrat qu'il posséderait à ce titre (*Lois civ.,* liv. III, tit. VII, p. 10).

quisitive de la chose possédée ; mais elle n'empêche pas la prescription *libé-ratoire* des obligations personnelles nées du titre en vertu duquel le déten-teur a été mis en possession. Ainsi, les fermiers et locataires ne peuvent ja-mais, quelque longue que soit leur détention, acquérir, en cette qualité, la propriété de la chose qu'ils détiennent ; mais rien ne fait obstacle à ce qu'ils prescrivent, en vertu de l'art. 2262, à l'effet de se *libérer des obligations personnelles* dont ils sont tenus en qualité de fermiers ou de locataires, et, par exemple, de l'obligation de payer les fermages ou loyers échus (1), de réparer les dommages qu'ils ont causés par leur négligence... De même, la chose déposée restât-elle trente, quarante, cinquante ans entre les mains du dépositaire, n'est point prescrite : elle continue d'appartenir au déposant, qui peut la revendiquer. Mais l'obligation de rendre la chose à la première réquisition du déposant ; mais l'obligation de l'indemniser de sa perte, ou des détériorations qu'elle a subies par la faute du dépositaire, sont éteintes par prescription, s'il n'en a pas, dans les trente ans à compter du jour où il pouvait le faire, demandé l'exécution.

Empêche-t-elle la prescription libéra-toire des obligations personnelles nées du titre, en vertu duquel le détenteur a été mis en possession ?

IV. *De la cessation de la précarité, c'est-à-dire de l'interversion de la pos-session précaire en possession* ANIMO DOMINI. — Celui qui a commencé à pos-séder pour autrui est toujours présumé posséder au même titre, s'il n'y a preuve du contraire, c'est-à-dire s'il n'est prouvé que sa possession pré-caire a été novée dans sa cause, remplacée par une possession nouvelle, ac-quise *animo domini* (art. 2231). Mais quels faits opèrent cette *interversion ?* Je suppose que le détenteur précaire prenne la résolution de se saisir de la propriété, et, par exemple, que le fermier se mette, dans cette intention, à faire des actes de propriétaire, à changer la destination du fonds qu'il tient à bail, à modifier, renouveler les bâtiments, à faire des coupes extraordi-naires : a-t-il, en faisant ces actes que ne comporte point le droit qu'il tient de son bail, changé sa possession précaire en possession *animo domini ?* Non ! personne ne peut se changer à soi-même, par sa seule volonté, le principe et la cause de sa possession : *Nemo sibi causam possessionis mu-tare potest.* De là cette ancienne maxime : *Melius est non habere titulum quam habere vitiosum.*

Art. 2238.
La précarité peut-elle cesser ?
Le détenteur pré-caire qui se met à faire des actes de maître, qui se com-porte en propriétaire purge-t-il, par là même, le vice de la précarité ?

Je suppose que trente ans se soient écoulés depuis la cessation de son bail, et qu'il ait pendant ce temps cessé de payer des loyers : l'obligation de restituer, dont il est tenu en sa qualité de fermier, et qui imprimait à sa possession le vice de précarité, est éteinte par prescription : sa possession cesse-t-elle d'être précaire ? Non ! elle se perpétue avec le vice qu'elle avait à son origine.

La précarité ne cesse même point lorsque la qualité qui l'avait produite a cessé. L'héritier de l'usufruitier ne succède point, en effet, au droit d'usu-fruit qu'avait le défunt, et cependant la possession reste dans sa personne, telle qu'elle était à son origine. Vainement dira-t-il qu'il s'est toujours com-porté en véritable propriétaire, qu'il a fait sur la chose possédée les actes les plus éclatants de propriété, les plus absolus ! Quoiqu'il ait eu réellement l'intention de posséder pour lui et non pour un autre ; bien que cette inten-

La précarité cesse-t-elle, lorsque la qualité qui l'avait produite a cessé ?
Ainsi, l'héritier d'un usufruitier doit-il être rangé parmi les détenteurs précai-res ?

(1) Ils se prescrivent par cinq ans (art. 2276).

tion se soit révélée par les actes qu'il a faits, il ne prescrit point! commencée à titre précaire dans la personne du défunt, la possession continue au même titre dans la personne de son héritier (V. p. 39).

Quand donc la précarité cesse-t-elle? Quels sont les faits d'où peut résulter l'interversion d'une possession précaire en possession animo domini?

—Les faits qui opèrent l'interversion sont déterminés *limitativement* par la loi; elle n'en reconnaît que deux. La possession précaire peut être changée en possession *animo domini* :

1° « Par une cause venant d'un tiers;

2° « Par la contradiction que le possesseur *oppose* au droit du propriétaire. »

1° *Interversion par une cause venant d'un tiers.* — Il y a interversion par cette cause, lorsque le détenteur qui possède précairement fait des actes de propriétaire en vertu d'un titre nouveau qu'il tient d'un tiers, et qui l'eût réellement investi de la propriété, si ce tiers eût été lui-même propriétaire. Je prends une espèce : Paul me passe bail d'un domaine qui n'est pas à lui : tant que je détiendrai en vertu de mon contrat de bail, possesseur précaire, je ne prescrirai point. Mais supposez que Paul, mon bailleur, me vende le domaine : un titre nouveau est intervenu; je ne détiens plus en vertu de mon contrat de bail, en qualité de fermier, pour le compte d'un autre; mon titre et ma qualité sont changés : je possède en vertu de mon contrat de vente, en qualité d'acheteur, et pour mon propre compte. Le vice de la précarité se trouve ainsi purgé.

Le résultat est le même si nous supposons que le domaine m'a été vendu par une autre personne que mon bailleur : la loi ne distingue point.

L'interversion a-t-elle lieu lorsque le détenteur précaire achète, d'une personne qu'il sait n'être pas propriétaire, la chose qu'il détient?

- Mais, si le détenteur achète d'une personne qu'il sait n'être pas propriétaire, l'interversion a-t-elle lieu? Je distingue :

Si la vente est sérieuse et sincère, si elle a été consentie par une personne qui passe pour être propriétaire, qui se comporte comme tel, elle purge le vice de la précarité, alors même que le détenteur a su que le vendeur n'était point propriétaire; sa possession est injuste sans doute, mais la mauvaise foi ne fait pas obstacle à la prescription. Le possesseur, dans l'espèce, ne prescrira que par trente ans, tandis qu'il eût prescrit par dix ou vingt ans, s'il eût été de bonne foi (art. 2262, 2265 et 2266).

Mais si la vente n'est qu'un vain simulacre, un faux semblant, si, par exemple, un fermier se fait vendre par son domestique ou par le premier venu, la précarité de sa possession subsiste; on ne peut pas, en effet, se changer à soi-même la cause de sa possession; or, quelle différence réelle y a-t-il entre celui qui, de son propre mouvement et sans le fait d'un tiers, se pose comme propriétaire du domaine qu'il tient à bail et celui qui se met à faire des actes de propriétaire, après avoir préalablement pris soin de se faire vendre le domaine par un compère !

Ainsi, la possession est intervertie, lorsque le détenteur précaire achète la chose qu'il détient (1), soit de son auteur, soit d'un tiers étranger, pourvu que, dans ce dernier cas, la vente ne soit pas un pur mensonge, un faux semblant.

Le détenteur précaire qui a interverti

Mais, bien entendu, le possesseur ne prescrit point, quoiqu'il possède *ani-*

[(1) Ou lorsqu'on la lui donne ou qu'on la lui lègue, etc.

mo domini, si sa possession ne réunit point d'ailleurs les autres conditions nécessaires pour fonder la prescription. Elle doit donc être exempte de *clandestinité* et non *équivoque.* Or, si le détenteur continue, après l'interversion, de se comporter comme par le passé, s'il ne révèle point, par quelque acte extérieur, l'intention où il est de posséder désormais pour lui et non pour un autre, sa possession est tout à la fois équivoque et clandestine. Après avoir acheté d'un tiers le domaine qu'il tient à bail, le fermier continue de payer des fermages à son bailleur; il s'abstient de tous actes propres à révéler l'*animum domini;* au lieu de jouir en maître, il se comporte en fermier : sa possession *animo domini* est *clandestine,* puisqu'il l'a tenue cachée; elle est *équivoque,* car on ne voit pas, en réalité, s'il a entendu posséder pour lui ou pour son bailleur.

La possession est également équivoque et clandestine, lorsque l'usufruitier, qui a acheté d'un tiers l'immeuble sur lequel il exerce son droit d'usufruit, tient secret son acte de vente, continue de jouir comme par le passé, sans rien changer à ses rapports avec le nu-propriétaire. — Il n'est pas nécessaire, toutefois, qu'il notifie l'acte de vente au nu-propriétaire; il suffit qu'il se livre à des actes publics qui révèlent hautement l'intention où il est de posséder désormais pour lui.

2° *Interversion par la contradiction que le possesseur oppose au droit du propriétaire.* — Elle a lieu par cette cause, lorsque le détenteur entrant, par quelque acte formel et positif, en conflit avec celui au nom duquel il possède, lui marque suffisamment qu'il ne le reconnaît plus pour maître, qu'il entend désormais posséder pour son propre compte. Cette contradiction peut avoir lieu :

1° Par *voie judiciaire* : tel est le cas où le fermier assigné en payement des fermages répond qu'il ne les doit pas, parce que l'immeuble qu'il a pris à bail est le sien propre; le propriétaire est alors en demeure de s'expliquer et de faire cesser cette opposition ; s'il reste dans l'inaction pendant trente ans, la prescription est acquise contre lui;

2° *Par voie extrajudiciaire* : soit au moyen d'une notification de sa prétention, comme lorsqu'un fermier notifie par huissier à son bailleur qu'il ne lui payera plus de fermages, parce qu'il a, dit-il, découvert que l'héritage affermé appartenait à un tel dont il est actuellement l'héritier; soit même par voie de fait, lors, par exemple, que l'usufruitier, après la cessation de son droit d'usufruit, refuse de quitter les lieux et s'oppose par la force aux actes de jouissance que le propriétaire prétend faire.

Ainsi, il n'est pas nécessaire que la contradiction soit judiciaire; il suffit que le détenteur précaire ait, par un acte quelconque, pourvu qu'il soit formel et positif, résisté à l'exercice du droit de son auteur; c'est une pure question de fait : si ce fait a lieu, trente ans après, la prescription est acquise.

IV. *Des successeurs universels du détenteur précaire et de ses ayants cause particuliers.* — Tant que la précarité n'est point purgée par l'une des causes énoncées dans notre art. 2258, le vice qu'elle imprime à la possession se transmet de nous à nos héritiers, de nos héritiers à leurs héritiers, *in infinitum* (V. p. 39); et il en est ainsi, alors même qu'ils n'ont point

sa possession par une cause venant d'un tiers, prescrit-il nécessairement ?
Quelles autres conditions faut-il encore pour qu'il prescrive ?

Quand y a-t-il interversion par la contradiction que le possesseur oppose au droit du propriétaire ?

Est-il nécessaire que cette contradiction soit *judiciaire* ?

Art. 2237.
Les héritiers des détenteurs précaires succèdent-ils au vice de la précarité ?

succédé à la qualité d'où dérivait la précarité du détenteur originaire (V. p. 43).

—Cette règle est peu rationnelle ; elle laisse perpétuellement la propriété incertaine. Ainsi, lorsqu'un bien est resté dans la même famille pendant plusieurs siècles, elle n'a point une sécurité complète ; car si celui de ses ancêtres qui l'a possédé le premier en a été détenteur précaire, la prescription en a été perpétuellement empêchée.

—La précarité n'empêche point la prescription de courir au profit des successeurs *particuliers* du détenteur précaire. Ainsi, bien qu'un fermier, un locataire, ne puisse pas prescrire, cependant, s'il vend, s'il donne, s'il lègue... la chose qu'il détient, son ayant cause, l'acheteur, donataire ou légataire... ne succède pas au vice de sa possession : une possession *nouvelle* commence dans sa personne, une possession exempte de précarité et par conséquent utile pour la prescription (V. p. 39), pourvu, cependant, qu'elle ne soit point d'ailleurs *clandestine* ou *équivoque*. J'achète un immeuble que mon vendeur tenait à titre de bail ; afin d'échapper à l'action en revendication que je redoute, je m'arrange avec mon vendeur de manière à rendre secrète ma possession ; nous convenons, à cet effet, qu'il gardera la détention de l'immeuble, et continuera de payer des fermages au propriétaire : ma possession est infectée non pas du vice de précarité, mais du vice de clandestinité ; car rien ne la révèle au propriétaire intéressé à la connaître. Tant que ce vice ne sera pas purgé, il fera obstacle à la prescription.

VI. *De la règle qu'on ne prescrit point contre son titre.* — Nous la connaissons déjà ; elle signifie, c'est la loi même qui nous l'apprend, que celui qui possède en vertu d'un titre qui imprime à sa possession le vice de la précarité, ne peut point prescrire contre son titre, en ce sens qu'il ne peut point se changer à lui seul le principe et la cause de sa possession ; en d'autres termes, que son titre fait obstacle à la prescription, tant qu'il n'a pas été interverti, conformément à l'article 2238 (V. p. 42, in fine et 43). Mais on prescrit contre son titre :

1° En ce sens que les détenteurs précaires peuvent prescrire, à l'effet de se libérer des obligations personnelles dont ils sont tenus en qualité de dépositaires, emprunteurs, usufruitiers, locataires, colons ou fermiers (V. p. 43) ;

2° En ce sens que le débiteur qui n'a pas été poursuivi pendant trente ans, à compter de l'exigibilité de sa dette, est libéré par la prescription, encore bien que sa dette soit constatée par un titre que lui oppose le créancier. Remarquez, dans ce dernier cas, que le débiteur prescrit non pas contre son titre, mais contre le titre du créancier.

Ainsi, la règle qu'on ne prescrit point contre son titre ne s'applique point à la prescription *libératoire* ; elle n'a trait qu'à la prescription *acquisitive*.

—Et encore faut-il, sous ce rapport, l'entendre dans le sens particulier que lui donne l'article 2240 ; elle n'empêche donc point celui qui a, selon son titre, acheté *deux* hectares et qui en a possédé *trois*, de prescrire tout ce qu'il a possédé.

Cette transmissibilité de la précarité n'a-t-elle pas un danger ?

Art. 2239.
Les ayants cause particuliers d'un détenteur peuvent-ils prescrire ?

Art. 2240 et 2241.
En quel sens ne prescrit-on point contre son titre ?

En quel sens peut-on prescrire contre son titre ?
En d'autres termes, à quelle prescription s'applique la règle qu'on ne prescrit point contre son titre ?

CHAPITRE IV. — DES CAUSES QUI INTERROMPENT OU SUSPENDENT LE COURS DE LA PRESCRIPTION.

Généralités. — L'*interruption* est un obstacle survenu pendant le cours d'une prescription, dont l'effet est de rendre inutile et comme non avenu le temps qui l'a précédé, mais sans empêcher le possesseur ou le débiteur dé prescrire de nouveau, ni rien changer, *du moins en général,* aux conditions de la prescription. Qu'est-ce que l'interruption de la prescription?

— Si la prescription est *acquisitive,* c'est-à-dire fondée sur la possession jointe à l'inaction du propriétaire, l'interruption résulte, soit de la cessation de possession, soit d'une réclamation légalement formée par le propriétaire contre le possesseur, soit enfin de la reconnaissance que le possesseur fait du droit de celui contre lequel il prescrit (art. 2243, 2244, 2248).

— Si la prescription est *libératoire,* c'est-à-dire fondée sur l'inaction de celui à qui le droit appartient, l'interruption résulte, soit de l'exercice matériel du droit sujet à extinction par suite du non-usage (art. 707), soit d'une réclamation légalement formée par le créancier contre le débiteur, soit enfin de la reconnaissance de son droit par celui qui prescrit.

— L'interruption a quelquefois pour effet de soumettre la prescription nouvelle à des conditions de temps plus rigoureuses que celles auxquelles était soumise la prescription interrompue. Je suppose qu'un possesseur qui était de bonne foi reconnaisse le droit du propriétaire, ou qu'il soit condamné à délaisser l'immeuble qu'il possède : cette reconnaissance, ou le jugement, vaut interruption ; tout le temps antérieur se trouve effacé. Une prescription nouvelle commence, mais, au lieu d'être *décennale* ou *vicennale,* comme l'était celle qui a été interrompue (art. 2265 et 2266), elle appartient désormais à la classe des prescriptions *trentenaires.* La même transformation a lieu, lorsqu'un débiteur, dont la dette est prescriptible par cinq ou moins de cinq ans (art. 2271, 2272, 2275, 2277), s'engage par écrit à la payer, ou lorsqu'il y est condamné par un jugement : la *courte* prescription qui courait à son profit, se trouve, par l'effet de cette interruption, changée en une prescription nouvelle, qui ne s'accomplira que par trente ans (1). L'interruption ne soumet-elle point quelquefois la prescription à des conditions de temps plus rigoureuses que celles auxquelles était soumise la prescription interrompue?

— La *suspension* est un obstacle temporaire qui empêche la prescription de *commencer* (V. l'art. 2259), ou qui l'arrête dans son cours, mais sans rendre inutile le temps qui a précédé, ni modifier jamais la prescription. Dès que cesse la cause qui a produit ce *temps d'arrêt,* la prescription court de nouveau et se complète par le nombre d'années, de mois ou de jours qui manquaient quand l'obstacle a commencé ; on ne fait que déduire le temps qui s'est écoulé entre le commencement et la fin de la suspension. Un débiteur n'a pas été poursuivi pendant vingt-neuf ans ; un an encore, et la prescription lui sera acquise ; mais voici que le créancier meurt laissant un héritier *mineur* (2) : la prescription s'arrête pendant tout le temps de la minorité Qu'est-ce que la suspension de la prescription?

(1) M. Dur., t. XXI, n° 254 ; M. Val.
(2) La minorité est une cause de suspension (art. 2252).

du nouveau créancier; mais elle reprend son cours dès qu'il a atteint l'âge de sa majorité, et se complète par l'année qui manquait, quand a commencé la prescription.

Quelles différences y a-t-il entre l'*inter-ruption* et la *suspen-sion ?*

— On voit, d'après ce qui vient d'être dit, qu'il ne faut pas confondre l'*interruption* avec la *suspension* :

1° L'*interruption* produit son effet *dans le passé* : elle efface le temps antérieur; mais on commence à prescrire à nouveau, comme si l'on n'eût jamais été en voie de prescription.

La *suspension* ne produit son effet que dans l'*avenir*; le temps antérieur est conservé, mis en réserve, pour le joindre à celui qui suivra le moment où cessera l'obstacle qui empêchait la prescription de courir : la suspension n'est qu'un *temps d'arrêt*.

2° L'*interruption* change quelquefois une *courte* en une *longue* prescription (V. p. 47); la *suspension* n'a jamais cet effet. Soit une dette prescriptible par *cinq* ans (art. 2277), exigible depuis quatre ans : si le débiteur, poursuivi en justice, est condamné à la payer, la prescription est *interrompue*; si le créancier meurt, laissant un héritier *mineur*, elle est *suspendue*. Au premier cas, le temps antérieur à l'*interruption* ne compte point; une prescription *nouvelle* commence, qui ne s'accomplira que par trente ans. Au second cas, dès que cesse la suspension, c'est-à-dire dans l'espèce, dès que l'héritier acquiert sa majorité, l'*ancienne* prescription, une prescription de cinq ans, reprend son cours et se complète par l'année qui manquait au décès du créancier.

Le même fait ne peut-il pas à la fois *interrompre, suspendre* et *modifier* la prescription ?

— Le même fait peut à la fois *interrompre, suspendre* et *modifier* la prescription. Je suppose qu'un débiteur reconnaisse par écrit une dette prescriptible par cinq ans (art. 2277), et s'engage à la payer *dans un an*, à partir du nouvel engagement : la prescription est,

1° *Interrompue*, puisqu'il y a eu reconnaissance par le débiteur du droit du créancier (art. 2248); ainsi les années antérieures ne seront pas comptées;

2° *Suspendue*, car la créance nouvelle est accompagnée d'un *terme* (art. 2257); ainsi, ne sera pas compté le temps qui s'écoulera entre la date de l'acte et l'échéance du terme;

3° *Modifiée*, c'est-à-dire changée en une prescription de trente ans, puisque la dette, qui était prescriptible par cinq ans, a été remplacée par une dette nouvelle que régit le droit commun.

SECTION I. — DE L'INTERRUPTION.

L'interruption est *naturelle* ou *civile*.

Art. 2242 et 2243. Combien y a-t-il d'espèces d'interruptions ?

§ I. INTERRUPTION NATURELLE.

Elle a lieu lorsque le possesseur cesse de posséder. Il cesse de posséder :

Quand l'interruption naturelle a-t-elle lieu ?

1° Lorsqu'il abandonne volontairement la possession (V. p. 27). Dans ce cas, la possession abandonnée ne peut plus être *recouvrée*; le possesseur peut, sans doute, acquérir une possession nouvelle, mais l'ancienne est définitivement perdue. Et il en est ainsi, alors même qu'il s'est écoulé *moins d'un an* entre la perte de l'ancienne possession et l'acquisition de la nouvelle (V. p. 27).

2° Lorsqu'il est privé, *pendant plus d'un an*, de la jouissance de la chose par le fait d'*un tiers* (1).

Pendant *plus d'un an*... Lorsque le possesseur a été dépouillé de sa possession par un tiers, il peut la *recouvrer* en exerçant une action possessoire ou pétitoire : lorsqu'il exerce son action *dans l'année* de sa dépossession, et qu'il recouvre l'immeuble qui lui avait été enlevé, il est réputé *n'avoir point cessé de le posséder* (V. p. 27 et 28) ; et il en est ainsi, par cela seul qu'il *a formé sa demande* dans l'année, encore bien que le jugement qu'il a obtenu n'ait été rendu que longtemps après : il ne faut pas, en effet, que le demandeur souffre des lenteurs de la justice ; l'équité exige qu'il soit placé dans la position que lui aurait procurée le jugement, s'il eût été rendu immédiatement. S'il garde le silence *pendant plus d'un an*, sa possession est *définitivement* perdue. Il peut en acquérir une nouvelle, soit au moyen de l'action pétitoire, soit de toute autre manière ; mais celle dont il a été dépouillé et qu'il n'a point réclamée en temps utile, ne saurait être *recouvrée* ; elle est effacée et ne compte plus pour la prescription (V. p. 27 et 28) (2).

Par le fait d'un tiers... Ce tiers peut être le propriétaire ou toute autre personne : la loi ne distingue pas. Elle ne distingue pas non plus si la dépossession a été ou non violente. Dès là que le possesseur dépouillé est resté, pendant plus d'un an, sans agir, sa possession est définitivement perdue.

L'interruption *naturelle* diffère, sous deux rapports, de l'interruption *civile* :

1° La première est propre à la prescription *acquisitive* (3) ; la seconde est

---

(1) L'interruption naturelle a encore lieu lorsque, pendant le cours de la prescription, la chose possédée change de condition et passe dans la classe des choses imprescriptibles. Mais, pour qu'il en soit ainsi, il faut que le changement qu'elle subit soit perpétuel et tire absolument la chose du commerce ; s'il n'est que *temporaire*, ce qui a lieu dans le cas où la chose possédée devient *dotale* et par suite *inaliénable*, il n'y a point d'interruption (V. l'explic. de l'art. 1561).

(2) Le possesseur qui intente une action pétitoire après l'année à compter de la dépossession, et qui réussit, peut joindre à sa possession nouvelle celle de son adversaire, pourvu, bien entendu, qu'elle soit telle qu'il puisse la joindre utilement à la sienne ; mais celle qu'il a perdue ne compte point.

(3) La prescription *libératoire* des servitudes personnelles et des servitudes réelles discontinues est cependant susceptible d'une interruption naturelle. Ces servitudes s'éteignent, en effet, par le non-usage, c'est-à-dire par l'inaction de celui qui en est le maître ; si donc, après être resté vingt-neuf ans, par exemple, sans en user, il se met à faire un acte de jouissance, cette action de sa part est une interruption naturelle qui efface l'inaction antérieure ; car, aux termes des articles 617 et 707, le temps exigé pour l'extinction des servitudes par le non-usage ne commence qu'à compter du dernier acte de jouissance.

4

commune à la prescription *acquisitive* et à la prescription *libératoire* (1).

2° L'interruption *naturelle*, consistant dans la cessation de la possession, apporte un obstacle *absolu* à la prescription : celui qui ne possède pas ne prescrit contre personne ; l'interruption *civile*, au contraire, est *relative* dans ses effets : elle ne profite, en général, qu'à celui qui l'a faite ; réciproquement, elle n'interrompt la prescription qu'à l'égard de celui contre lequel elle a eu lieu (V. l'explic. des art. 2249 et 2250).

§ II. DE L'INTERRUPTION CIVILE.

Art. 2244.
Quels sont les faits d'où résulte l'interruption civile ?

Elle résulte : 1° d'une citation en justice ; — 2° d'un commandement ; — 3° d'une saisie ; — 4° d'une citation en conciliation, pourvu qu'elle soit, dans le mois, suivie d'une demande en justice ; — 5° de la reconnaissance faite par le possesseur ou le débiteur du droit du propriétaire ou du créancier.

Qu'est - ce que la citation en justice ?

I. *Citation en justice.* — La citation en justice est l'acte par lequel une personne, agissant par ministère d'huissier, en appelle une autre devant un tribunal pour voir prononcer sur la prétention qu'elle élève contre elle. Cet acte conserve le nom de *citation*, lorsque le tribunal saisi est un tribunal de paix ; on l'appelle *ajournement* ou *assignation*, lorsque l'affaire est portée devant tout autre tribunal (V. l'art. 1er et le titre II du C. de pr.).

Toutes les demandes se forment-elles par une citation en justice ?
Celles qui se forment par requête ou par acte d'avoué à avoué interrompent-elles la prescription ?

Le mot *citation* a ici un sens général ; il signifie demande en justice, formée par exploit d'huissier.

Cette formule est, au reste, inexacte. Il y a, en effet, des demandes qui n'exigent point de *citation* : telles sont les demandes *incidentes* ou *reconventionnelles*, qui se forment par *simple requête* ou par *acte d'avoué à avoué* (V. art. 465, 535 et suiv. C. pr.) ; or, il n'est pas douteux que ces demandes ne soient, de même que celles qui sont formées par citation, interruptives de la prescription ; la loi eût donc été plus exacte si elle eût dit : Toute demande en justice, formée par citation ou autrement, interrompt la prescription.

Art. 2246.
La demande formée devant un tribunal incompétent interrompt-elle la prescription ?
Pourquoi l'interrompt-elle ?
Quid, dans le cas où le tribunal saisi est incompétent ratione materiæ ?

— La demande en justice interrompt la prescription, *alors même qu'elle est formée devant un juge incompétent.* Les questions de compétence sont fort délicates ; les hommes les plus expérimentés s'y trompent quelquefois : la loi a pensé qu'il ne fallait pas rendre le demandeur victime d'une erreur qu'il était si difficile d'éviter.

Il n'y a pas, à cet égard, à distinguer entre l'incompétence *ratione materiæ* et l'incompétence *ratione personæ*. Ainsi, la revendication d'un immeuble interrompt la prescription, alors même qu'elle est portée devant un juge de paix ou devant un tribunal de commerce.—Une semblable erreur cependant est bien grossière ; rien n'était plus facile que de l'éviter ! Peut-être la loi a-t-elle été trop loin ; mais elle n'a fait aucune distinction : la règle qu'elle établit est absolue.

(1) Nous verrons cependant que le commandement et la saisie, qui sont des interruptions *civiles*, sont d'une application fort rare, en matière de prescription *acquisitive*.

Art. 2247.

Quels sont les cas où la demande en justice n'est pas interruptive de la prescription ?

— L'effet interruptif attaché à la demande judiciaire ou à la citation en conciliation, est nécessairement subordonné à la prononciation du jugement qui reconnaîtra le droit réclamé; toutes les fois donc que la demande ne sera pas suivie d'un jugement favorable au demandeur, l'interruption sera non avenue.

Ainsi, la prescription n'aura pas, nonobstant la demande, cessé de courir dans les quatre cas suivants :

1° « *Lorsque l'assignation est nulle pour défaut de formes...* » —Pourvu toutefois que la nullité soit invoquée par le défendeur *in limine litis*, dès le début de l'instance; car, si elle n'est pas proposée avant toute défense ou exception autre que les exceptions d'incompétence, elle est couverte (article 173 C. proc.).

Pourquoi ne l'est-elle point, lorsqu'elle est nulle pour défaut de formes ?

— La règle, que la *nullité* de l'assignation l'empêche d'être interruptive de la prescription, est fort sévère et peu en harmonie avec cette autre règle, que la demande interrompt la prescription, alors même qu'elle est portée devant un tribunal incompétent. Si, en effet, il est juste que celui qui s'est trompé sur la compétence du tribunal ne soit pas victime de son erreur, parce qu'il est souvent fort difficile de découvrir le tribunal qui doit être saisi, pourquoi se montrer plus rigoureux à l'égard du demandeur dont l'huissier a commis quelque omission dans la rédaction de l'acte d'ajournement? Les erreurs de compétence, si grossières qu'elles soient, sont pardonnées, tandis qu'on se montre impitoyable pour les erreurs commises dans la rédaction des actes, si légères qu'elles soient! Cette distinction est assurément peu logique, mais la loi est formelle.

La décision de la loi à cet égard est-elle bien rationnelle ?

2° « *Lorsque le demandeur se désiste de sa demande...* » La loi suppose ici qu'il se désiste, non pas de sa *prétention*, du droit qu'il prétend avoir (car alors il n'aurait plus de droit à exercer, et il serait inutile de parler de prescription), mais simplement de la *procédure* qu'il a commencée ; il consent alors à ce que les choses soient remises au même état qu'auparavant. Son droit, en le supposant fondé, subsiste, mais la prescription a continué de courir, car la demande, qui avait eu pour effet de l'interrompre, est mise à néant, considérée comme non avenue.

La prescription a-t-elle été interrompue, si le demandeur se désiste de sa demande ? De quel désistement s'agit-il ici ?

3° « *Lorsqu'il laisse* PÉRIMER *l'instance...* » — C'est-à-dire lorsqu'il y renonce tacitement. La péremption n'est, en effet, qu'un désistement présumé. Lorsque le demandeur, après avoir régulièrement engagé le procès, reste trois ans (trois ans et demi dans certains cas) sans continuer ses poursuites, cette inaction de sa part fait présumer qu'il abandonne son action, qu'il se désiste. Toutefois, la péremption n'a pas lieu de *plein droit*. Tant que le défendeur ne la demande pas, les choses restent dans le même état, et si un nouvel acte de procédure, un acte valable est signifié par l'une ou l'autre des parties, avant qu'elle ait été demandée, elle est *couverte* : le défendeur ne peut pas en bénéficier.

Quid, de la demande périmée ? Qu'est-ce que la péremption ? A-t-elle lieu de plein droit ?

Comme le désistement exprès, elle ne détruit que l'*instance* : le *droit* subsiste ; à moins pourtant qu'il ne soit éteint par la prescription qui a couru pendant le procès, puisque le procès est réputé n'avoir pas été engagé (voy. les art. 397 à 401 C. proc.). Soit, par exemple, une créance exigible depuis vingt-neuf ans; le demandeur, après avoir formé sa demande, la laisse

Quel effet produit-elle ? Ne détruit-elle pas quelquefois le droit lui-même ?

périmer : sa demande, étant considérée comme non avenue, n'a pas interrompu la prescription qui, par conséquent, s'est accomplie pendant le procès ; en anéantissant l'interruption de la prescription, la péremption a produit indirectement l'extinction du droit.

La demande qui a été *rejetée* a-t-elle été interruptive de la prescription ?
Quelles espèces faut-il supposer pour comprendre l'utilité de cette disposition ?

4° « *Lorsque sa demande est rejetée.* »—Ici se présente une difficulté. Le demandeur qui a perdu son procès n'a plus de droit à exercer ; le défendeur, protégé par l'autorité de la chose jugée, ne peut plus être poursuivi ; il n'a plus besoin, par conséquent, d'invoquer la prescription. Dès lors, qu'était-il besoin de dire que la prescription n'a pas été interrompue, qu'elle a continué de courir ?

Il faut, pour comprendre l'utilité de cette disposition, supposer le cas où la demande avait eu pour effet d'interrompre la prescription *contre* ou *pour* certaines personnes *par* ou *contre* lesquelles l'autorité de la chose jugée ne peut pas être invoquée. Je m'explique par des espèces :

Un créancier solidaire forme une demande en justice ; sa demande interrompt la prescription, non-seulement dans son intérêt, mais encore dans celui de ses cocréanciers qu'il représente (voy. l'explic. de l'art. 1199) ; il succombe : quant à lui, il ne peut plus être question de prescription, et, s'il était seul intéressé, il serait inutile de dire qu'elle n'a pas été interrompue. Mais l'autorité de la chose jugée, qui anéantit son droit, n'est pas opposable à ses cocréanciers ; ceux-ci peuvent donc intenter une action nouvelle ; mais ils ne peuvent point soutenir que la demande formée par celui qui a succombé a interrompu la prescription à leur profit, car cette demande, ayant été rejetée, est considérée comme non avenue et sans aucun effet.

Si le créancier d'une chose *indivisible* poursuit l'un des débiteurs de cette chose, sa demande interrompt la prescription, non-seulement contre le débiteur actionné, mais encore contre chacun des autres (art. 2249). S'il succombe, le débiteur actionné n'a pas besoin d'invoquer le bénéfice de notre article 2247, car, protégé qu'il est par l'autorité de la chose jugée, il est à l'abri de toutes poursuites nouvelles ; dès lors, que lui importe que la prescription ait été interrompue ou qu'elle ait continué de courir ? Mais ses codébiteurs, ceux qui n'ont pas été poursuivis, ne peuvent pas, comme lui, se retrancher derrière l'autorité de la chose jugée, car il ne les a pas représentés au procès. Quant à eux, le droit du créancier est resté intact ; ainsi ils peuvent être poursuivis. Dès lors ils ont intérêt à dire que la demande formée contre leur débiteur, ayant été rejetée, n'a pas empêché la prescription de courir à leur profit (1).

Art. 2245.
La citation en conciliation interrompt-elle la prescription ?
Pourquoi l'interrompt-elle ?
A quelle condition l'interrompt-elle ?

II. *Citation en conciliation.*—Il est interdit, dans certains cas, d'assigner devant un tribunal de première instance, sans avoir préalablement cité en conciliation devant le juge de paix (art. 48 C. pr.) ; or, si le créancier ou le possesseur n'avait pu interrompre la prescription que par une assignation devant le tribunal de première instance, le préliminaire obligatoire de la conciliation aurait eu cet effet injuste d'enlever à celui contre lequel la prescription court le moyen de l'interrompre en temps utile. Soit une créance exigible depuis trente ans, *moins quelques jours* ; le péril est imminent ; encore quel-

______
(1) M. Val.

ques jours, et la prescription sera acquise si le créancier ne prend soin de l'interrompre. Mais comment l'interrompra-t-il ? Par une assignation devant le tribunal de première instance ? Mais la loi ne lui permet pas de la former avant d'avoir préalablement fait une tentative de conciliation ! la loi qui lui mpose ce devoir devait donc, sous peine d'être injuste et inconséquente, attacher à la citation en conciliation elle-même un effet interruptif de prescription.

Ainsi, la citation en conciliation interrompt la prescription à compter de sa date ; mais la loi y met cette condition, *qu'elle soit suivie, dans le mois, d'une demande en justice.*

La demande est-elle formée dans le mois, la prescription a été interrompue du jour de la date de la citation ; elle l'a été, en outre, par l'effet de la demande qui a suivi la citation ; le temps écoulé depuis la citation jusqu'au jour de la demande se trouve ainsi effacé ; la prescription nouvelle date du jour de la demande.

L'est-elle après le mois (1), la citation n'est point réputée sérieuse ; la loi, quant au point de vue qui nous occupe, n'en tient aucun compte. La prescription a continué de courir, et si elle s'est accomplie avant le jour de la demande, la demande vient trop tard ; le défendeur en triomphe en invoquant la prescription.

Plusieurs questions se rattachent à cette matière :

1° La comparution *volontaire* des parties devant le bureau de paix interrompt-elle la prescription, lorsqu'elle est suivie, dans le mois, d'une demande en justice ? L'affirmative est généralement admise. L'article 48 du Code de procédure la met sur la même ligne que la citation : comme elle, elle rend la demande recevable ; dès lors, quelle raison y a-t-il de ne pas lui attribuer le même effet ? Si elle n'interrompait point la prescription, il faudrait alors recourir à une citation et, par suite, faire des frais que la comparution volontaire eût évités ! Or, la loi, on le comprend, n'a pas pu exiger une citation qui n'aurait d'autre effet que d'occasionner des frais inutiles.

La comparution volontaire des parties devant le bureau de paix interrompt-elle la prescription, lorsqu'elle est suivie dans le mois d'une demande en justice ?

2° Les affaires qui sont de la compétence du juge de paix ne sont point soumises au préliminaire de conciliation ; cependant, aux termes de l'article 17 de la loi du 25 mai 1838, le juge de paix « peut, dans toutes les causes, *excepté celles dans lesquelles il y a péril en la demeure...* interdire aux huissiers de son audience de donner aucune citation en justice, *sans* qu'au préalable il ait appelé, sans frais (c'est-à-dire par simple lettre), les parties devant lui. » De là, la question suivante : si le juge de paix appelle les parties devant lui, afin de les concilier, la lettre par laquelle il les convoque interrompt-elle la prescription ? Non ; cette simple lettre ne peut pas, en effet, être assimilée à une citation ; car n'étant point, comme elle, remise par un officier public, rien ne constate qu'elle a été reçue. — Si la prescription est sur le point de s'accomplir, le juge de paix autorisera la citation directe, car alors il y aura *péril en la demeure.*

La lettre par laquelle le juge de paix, devant lequel une demande doit être portée, convoque les parties devant lui, afin de les concilier, interrompt-elle la prescription ?

3° Si, dans une affaire soumise au préliminaire de conciliation, le deman-

Si, dans une affaire

(1) On peut la former, après le mois, sans être obligé de recourir préalablement à une nouvelle citation en conciliation (V. M. Boitard, t. I, n° 176).

soumise au préliminaire de conciliation, le demandeur forme une demande *directe*, la demande interrompt-elle la prescription ?

deur a formé une demande *directe*, l'assignation qu'il a donnée a-t-elle interrompu la prescription ?

La Cour de cassation admet la négative. L'assignation *directe* n'est pas *valable*, dit-elle ; car, aux termes de l'article 48 du Code de procédure, « aucune demande... ne doit être reçue... que le défendeur n'ait été préalablement cité en conciliation... » ; or, toute assignation qui *n'est pas valable* est comme non avenue et par suite non interruptive de la prescription ; c'est la disposition formelle de l'art. 2247 du Code civil.

Je n'admets point ce système. Aux termes de l'article 2247, l'assignation n'interrompt point la prescription quand elle est nulle *par défaut de formes* ; elle l'interrompt, au contraire, selon l'article 2246, lorsque, régulière quant à la forme, elle est donnée devant un juge incompétent ; or, dans l'espèce, la demande est valable quant à la forme, nous le supposons ; si elle n'est point recevable, c'est uniquement parce que le tribunal qui a été saisi *directement* était incompétent. Le demandeur s'est trompé de tribunal ; au lieu de citer d'abord devant le juge de paix, il s'est adressé à un autre tribunal ; là est le vice de sa procédure ; c'est un pur vice d'incompétence ; donc, etc... Comment croire, d'ailleurs, que la demande portée devant le tribunal qui aurait été valablement saisi, si le préliminaire de conciliation avait eu lieu, ne soit pas interruptive de prescription, lorsqu'on voit la loi attribuer cet effet à la demande qui est portée devant un tribunal *absolument incompétent* (1) ?

Quid si, dans une affaire qui est dispensée du préliminaire de conciliation, le demandeur donne une citation en conciliation ?

Cette citation interrompt-elle la prescription ?

4° Si, dans une affaire qui est dispensée du préliminaire de conciliation, le demandeur, au lieu d'assigner directement devant le tribunal de première instance, a donné une citation en conciliation, cette citation est-elle interruptive de prescription ?—Ici encore, la négative est généralement adoptée. Je n'hésite point pourtant à suivre l'opinion contraire. Je ne vois, dans cette hypothèse, comme dans la précédente, qu'une erreur de compétence ; le demandeur n'a pas bien choisi le tribunal devant lequel il devait agir ; là seulement est le vice de sa citation ; or, ce vice ne fait point obstacle à l'interruption de prescription (2).

Art. 2242.
Le commandement interrompt-il la prescription ?

III. *Commandement signifié à celui qu'on veut empêcher de prescrire.* — Les actes d'exécution ou de saisie doivent être précédés d'un commande-

(1) M. Val.

(2) M. Val. — Quelques personnes font une distinction : s'il s'agit d'une affaire qui, bien que dispensée du préliminaire de conciliation, est néanmoins susceptible d'être terminée par une transaction, la citation en conciliation interrompt la prescription. Elle ne l'interrompt point, au contraire, si l'affaire est de telle nature qu'elle ne puisse pas faire l'objet d'une transaction. Qu'est-ce, en effet, dans ce dernier cas, qu'une citation en conciliation? Une tentative impuissante et vaine, un essai de pourparlers qui ne peuvent aboutir à rien, sinon à des conversations stériles, un acte inutile, en un mot! (V. M. Delvin., t. II, p. 640; M. Troplong, t. II, n° 592.) Je réponds : mais l'assignation, portée devant un tribunal incompétent *ratione materiæ*, n'est-elle pas aussi une poursuite impuissante et vaine, un acte qui ne peut aboutir à rien, un acte absolument inutile! Et cependant la loi ne lui a-t-elle pas attaché l'effet d'interrompre la prescription !

ment de payer fait au débiteur ou à son domicile, un jour avant la saisie
mobilière, trente jours avant la saisie immobilière, et contenant notification
ou copie du titre qu'on veut mettre à exécution, s'il n'a déjà été notifié
(V. les art. 583, 626, 636, 673, 674, 780 C. proc.).

Le commandement peut donc être défini : l'acte par lequel une personne, agissant par ministère d'huissier, commande, ordonne à une personne d'exécuter ce qu'un jugement l'a condamnée à faire ou ce à quoi elle
s'est obligée par un acte exécutoire, lui déclarant qu'en cas de refus, elle y
sera contrainte.

Qu'est-ce qu'un commandement?

De même que la demande en justice, le commandement interrompt la
prescription, mais il en diffère sous un rapport important : la demande en
justice, étant un acte judiciaire ou de procédure, est sujette à *péremption;*
le commandement, qui n'est qu'un acte extrajudiciaire, n'y est pas soumis; il ne peut cesser de valoir que par la *prescription.* Je m'explique :
si le demandeur, après avoir lancé son assignation, discontinue ses poursuites pendant trois ans (ou trois et demi dans certains cas), le défendeur peut en demander la *péremption,* auquel cas elle est considérée comme
non avenue et, par suite, réputée n'avoir pas interrompu la prescription
(V. p. 51, 3°); le commandement, au contraire, conserve son effet pendant
trente ans, *alors même qu'il n'est suivi d'aucune procédure* (1).

.Quelle différence y a-t-il, au point de vue de l'interruption de la prescription, entre le *commandement* et la *demande en justice?*

— On enseigne communément que la prescription *libératoire* est seule
susceptible d'être interrompue par un commandement. Le commandement,
dit-on, est l'acte préliminaire de la *saisie;* la saisie ne peut être pratiquée
qu'en matière *de dettes de sommes d'argent* : le commandement suppose donc
une *dette,* ce qui exclut l'hypothèse de la prescription *acquisitive.*

Est-il vrai qu'il n'y ait que la prescrip-tion *libératoire* qui soit susceptible d'ê-tre interrompue par un commandement?

Je n'admets point cette conclusion. Il est bien vrai que le commandement
est presque toujours l'acte préliminaire d'une saisie, et, qu'ainsi, il n'a le
plus souvent trait qu'à la prescription *libératoire;* mais le contraire peut
arriver. J'ai obtenu contre vous un jugement qui vous condamne à délaisser un immeuble, et j'ai été autorisé à recourir, s'il y a lieu, à la force publique pour obtenir le délaissement; vous résistez : je ne puis pas recourir
immédiatement à la force publique; il faut, au préalable, que je vous fasse
un commandement de délaisser; or, personne ne doute que ce commandement ne soit interruptif de la prescription acquisitive qui courait à votre
profit.—Vous avez été condamné à délaisser un immeuble qui m'appartient; le
jugement porte que vous me payerez 100 fr. par chaque jour de retard : si
je veux saisir vos biens pour obtenir le payement des indemnités que vous
avez encourues en refusant de délaisser, je devrai préalablement vous faire
un commandement de payer; or, n'est-il pas vrai que ce commandement
interrompra la prescription *acquisitive* de l'immeuble dont vous avez con-

(1) V. Poth., édit. Bug., t. II, n° 696; M. Dur., t. XXI, n° 267. — Toutefois,
en matière de *saisie immobilière* (en cette matière seulement), le commandement est périmé au bout de trois mois, si la saisie n'est point pratiquée dans ce
délai (art. 674, C. pr.); mais cette péremption n'a trait qu'à la saisie : le commandement n'est périmé qu'en ce sens qu'il faut le renouveler, à l'effet de pro-
céder à la saisie; il subsiste donc, nonobstant cette péremption, comme acte
interruptif de prescription (V. M. Berriat Saint-Prix, p, 569, note 19).

servé la possession ? Et si, après ce commandement, vous résistez encore, s
je suis obligé de saisir vos biens pour me faire payer les indemnités que
vous me devez, cette saisie renouvellera l'interruption opérée déjà par le
commandement ; ainsi, le temps antérieur au commandement et celui qui
s'est écoulé depuis ne vous compteront point ; la prescription ne datera que
du jour de la saisie (1).

La sommation *in-terrompt-elle la pres-cription ?*
Quelle différence y a-t-il entre une sommation *et un* commandement *?*

— La *sommation* n'interrompt point la prescription ; il faut donc la
distinguer du *commandement*, avec lequel elle a beaucoup d'analogie.

Le commandement est une *sommation* qui est et ne peut être faite qu'en
vertu d'un *titre exécutoire;* il n'est valable qu'autant qu'il contient copie
du titre exécutoire en vertu duquel on agit, à moins que ce titre n'ait été
préalablement notifié. C'est donc la menace qu'un créancier fait faire, par
ministère d'huissier, à son débiteur, s'il n'exécute pas volontairement son
obligation, de mettre à exécution, par les voies judiciaires, le titre exécutoire
qu'on a contre lui et dont on lui donne ou dont il lui a été donné copie.

La simple sommation est aussi une menace de poursuite ou d'exécution
faite par ministère d'huissier ; mais, 1° elle peut être faite en vertu d'un
titre exécutoire ou non, et même sans titre ; 2° lorsqu'elle est faite par un
créancier muni d'un titre exécutoire, elle n'est point accompagnée de la copie
du titre en vertu duquel elle est faite.

Pourquoi la som-mation n'est-elle pas nterruptive de la prescription ?

Mais pourquoi n'a-t-elle pas le même effet que la demande en justice et
le commandement ? D'où vient qu'elle n'est pas interruptive de la prescription ? Elle ne l'est pas, parce que, a-t-on dit, elle ne témoigne pas suffisamment
de la diligence de celui qui l'a faite. S'il eût été soigneux, s'il avait eu confiance dans son droit, au lieu de faire une simple menace extrajudiciaire, il
n'eût pas manqué de recourir aux voies propres à faire reconnaître et exécuter son droit. Celui qui la reçoit a d'ailleurs juste sujet de croire que la
prétention qu'on lui annonce n'est pas sérieuse, puisqu'on ne le met pas à
même d'y répondre en lui notifiant les titres sur lesquels on l'appuie (2).

Quels sont les effets d'une demande en *justice ?*

Ainsi la *demande en justice* constitue les débiteurs en demeure ; elle fait
courir contre eux les intérêts (V. l'explic. de l'art. 1153); elle interrompt la
prescription.

D'une sommation*?*

La *simple sommation* n'a qu'un effet : elle met en demeure les débiteurs
qui la reçoivent. Quant aux intérêts, elle ne les fait courir que dans les cas
exceptionnels où la loi lui attribue expressément cet effet (V. les art. 474 et
1652); enfin, elle n'interrompt point la prescription.

D'un commande-ment*?*

Le *commandement,* comme la demande en justice, constitue en demeure
et interrompt la prescription; mais il ne fait courir les intérêts que dans le
cas où la simple sommation suffirait à cet effet, c'est-à-dire dans les hypothèses prévues par les articles 474 et 1652.

La saisie interrompt-elle la prescription ?
Qu'était-il besoin

IV. *Saisie signifiée à celui qu'on veut empêcher de prescrire.* —Qu'é-
tait-il besoin d'attribuer à la saisie l'effet d'interrompre la prescription. Le

____

(1) M. Val.

(2) Il existe cependant un cas où la sommation équivaut à un commandement, un cas où elle interrompt la prescription (V. l'explic. de l'art. 2180, 4°;
3° examen à la page 527).

commandement, qui doit la précéder, n'a-t-il pas déjà produit cet effet?
On répond :

1° Que la règle suivant laquelle la *saisie* doit être précédée d'un *commandement* n'est pas absolue : la saisie foraine (art. 822 C. pr.), la saisie-revendication (art. 826 C. pr.), et la saisie-gagerie (art. 819 C. pr.) (1), ne sont pas, en effet, soumises au préliminaire du commandement; il était donc nécessaire et utile, au moins dans ces divers cas, d'attribuer à la saisie une force interruptive de la prescription.

2° Que cette force interruptive de la prescription est utile, même dans les cas où la saisie doit être précédée d'un commandement. La *saisie,* en effet, renouvelle l'interruption qu'avait opérée le *commandement,* et retarde ainsi la prescription de tout l'intervalle qui les sépare. Le commandement efface le temps antérieur à sa date, la saisie, le temps qui s'est écoulé depuis le commandement ; en sorte que le temps nécessaire pour la prescription date, non pas du jour du commandement, mais du jour de la saisie ; il eût daté, au contraire, du jour du *commandement,* si la *saisie* n'eût pas été elle-même interruptive de la prescription.

— L'interruption de la prescription par la saisie ne se rencontre guère que dans la prescription *libératoire,* car toute saisie suppose une dette d'argent dont on veut obtenir le payement. J'ai cependant établi, page 56, un cas où une prescription *acquisitive* se trouve interrompue par l'effet d'une saisie.

V. *Reconnaissance du droit du propriétaire ou du créancier par le possesseur ou le débiteur qui prescrit.* — Cette reconnaissance peut être faite par acte authentique ou sous seing privé, même par simple lettre missive. Elle peut l'être aussi verbalement; enfin elle peut n'être que *tacite.* Toutes les fois qu'il se fait quelque chose, soit entre le débiteur et le créancier, soit entre le possesseur et le propriétaire, qui emporte implicitement l'aveu de la dette ou du droit du propriétaire, cet aveu tacite interrompt la prescription. Ainsi, lorsqu'un débiteur demande un délai pour payer, ou lorsqu'il fait un payement partiel, à titre d'*à-compte,* ou encore lorsqu'il donne une caution ou toute autre sûreté, la prescription est interrompue ; car ces actes renferment implicitement l'aveu tacite de la dette (V. p. 14).

— La reconnaissance verbale ne peut pas, en principe, être prouvée par témoins, lorsque l'intérêt du créancier ou du propriétaire dépasse 150 fr. ; toutefois, les exceptions prévues par les articles 1347 et 1348 recevraient ici, comme en toute autre matière, leur application.

— Mais à défaut de preuve écrite ou testimoniale, est-il permis de recourir à la délation du serment? J'admets l'affirmative. Il est vrai que le serment ne peut pas, en principe, être déféré à celui qui invoque une prescription *acquise,* c'est-à-dire dont le temps est accompli (V. l'explic. de l'art. 2275);

d'attribuer cet effet à la *saisie?* Est-ce que le commandement qui la *précède* n'interrompt pas lui-même la prescription ?

La saisie n'interrompt-elle que la prescription *libératoire?*

Art. 2248.

La prescription n'est-elle pas interrompue, lorsque le débiteur reconnaît le droit du créancier, ou que le possesseur reconnaît le droit du propriétaire ?
Comment cette reconnaissance peut-elle être faite ?
Quels sont les faits qui la font présumer?

Comment peut-elle être prouvée quand elle est *verbale?*

Peut-on la prouver au moyen du serment?

---

(1) C'est par inadvertance que le mot *commandement* se trouve dans l'art. 819; il faut le remplacer par le mot *sommation,* car la saisie dont il y est question, pouvant être faite sans titre, peut évidemment l'être sans commandement préalable, puisque le commandement ne peut être fait qu'en vertu d'un titre exécutoire qui, dans l'espèce, peut ne pas exister.

mais, dans l'espèce, la question engagée au procès est précisément celle de savoir s'il y a ou non prescription, c'est-à-dire si le temps nécessaire à son accomplissement est ou non complet.

— L'*interruption* de la prescription par la *reconnaissance* que le débiteur fait du droit contre lequel il prescrit ne doit pas être confondue avec la renonciation à une prescription acquise : j'ai montré, page 21, la différence qui les sépare.

Quelle différence y a-t-il entre l'interruption de la prescription par la reconnaissance du droit qui y est soumis, et la renonciation à une prescription acquise ?

Des personnes auxquelles profite l'interruption civile et de celles auxquelles elle nuit. — L'interruption résultant d'une interpellation judiciaire (d'une citation, d'un commandement ou d'une saisie), ou de la reconnaissance du droit sujet à la prescription, ne profite qu'à celui qui l'a faite ou obtenue ; et réciproquement elle n'est opposable qu'à celui contre lequel elle a été faite ou qui l'a consentie : c'est une application du principe que les actes judiciaires, de même que les conventions, ne nuisent ni ne profitent aux tiers.

Art. 2249.
A qui l'interruption civile profite-t-elle ?
A qui est-elle opposable ?

Ainsi, lorsqu'une demande est formée contre l'un des héritiers du débiteur, la prescription n'est interrompue qu'à l'égard de l'héritier qui est poursuivi.

De même, la demande formée contre le débiteur par l'un des héritiers du créancier n'interrompt la prescription qu'au profit de l'héritier qui poursuit.

Il en est ainsi, dans l'un et l'autre cas, encore que la dette soit *hypothécaire*, si elle n'est point d'ailleurs *indivisible*. Lorsqu'une dette est garantie par une hypothèque, le créancier a deux actions, l'une *personnelle*, l'autre *hypothécaire*; celle-ci est accessoire de la première ; elle s'éteint donc en tout ou en partie dès que celle-là subit une extinction totale ou partielle.

Si le créancier poursuit l'un des héritiers d'un débiteur dont la dette était divisible, la prescription est-elle interrompue contre tous ?

Quid, si cette dette était garantie par une hypothèque ?

La première ne peut être exercée contre les héritiers du débiteur que fractionnellement, c'est-à-dire contre chacun pour sa part et portion ; la seconde peut l'être pour *le tout*, contre celui d'entre eux qui a dans son lot l'immeuble hypothéqué (art. 873) ; mais comme on ne peut obtenir, par l'action *hypothécaire*, que ce qui nous est dû *personnellement*, il en résulte que, si la prescription a éteint l'une des fractions de la dette, l'action hypothécaire se trouve diminuée d'autant. Soient donc une dette hypothécaire et trois héritiers. *Personnellement*, c'est-à-dire en leur qualité d'héritiers, chacun d'eux ne doit qu'un tiers de la dette. Quant à celui d'entre eux qui a dans son lot l'immeuble hypothéqué, il peut être, *en sa qualité de tiers détenteur de l'immeuble affecté au payement de la dette*, poursuivi pour le tout (art. 873). Le créancier agit-il seulement contre les héritiers, simples débiteurs personnels, la prescription n'est pas interrompue à l'égard de l'héritier qui a dans son lot l'immeuble hypothéqué ; agit-il, au contraire, contre lui, sans agir contre les autres, la prescription n'est pas, quant à eux, interrompue ; et s'il la laisse s'accomplir à leur profit, son action hypothécaire se trouvant alors réduite de toutes les fractions de la dette éteinte par la prescription, ne pourra plus être exercée que pour ce qui lui restera dû ; il ne pourra donc la faire valoir que dans la limite de la portion qu'il aura conservée, en agissant, en temps utile, contre l'héritier détenteur de l'immeuble hypothéqué.

— Le Code s'occupe spécialement : 1° des dettes *solidaires* ; 2° des dettes *indivisibles* ; 3° des dettes garanties par une caution. Examinons successivement ces différentes hypothèses.

Dette solidaire. — L'interpellation faite à l'un ou l'autre des débiteurs ou l'acte par lequel il reconnaît la dette interrompt la prescription *à l'égard de tous.* Cette solution ne déroge point, ainsi qu'on le dit, au principe que l'interruption ne nuit qu'à celui à l'égard duquel elle a été opérée ; car les débiteurs solidaires étant mandataires ou représentants les uns des autres *ad perpetuandam obligationem*, ce qui est fait par ou contre l'un d'eux est réputé l'être par ou contre tous (V. 2ᵉ examen, p. 555, le développement de cette théorie).

— Si l'un des débiteurs solidaires meurt laissant plusieurs héritiers, sa dette, quoique solidaire, se divise entre eux ; ils n'en sont tenus, chacun, que pour sa part et portion. Chacun d'eux, dans la limite de sa part, est solidaire dans ses rapports avec les autres débiteurs survivants ; mais entre eux héritiers, aucune solidarité n'existe. De là il suit :

1° Que si le créancier poursuit l'un des débiteurs survivants, la prescription est interrompue non-seulement quant au débiteur interpellé, mais encore à l'égard des autres débiteurs survivants et de chacun des héritiers du débiteur décédé ;

2° Que s'il poursuit chacun des héritiers, la prescription est également interrompue, tant à l'égard des débiteurs survivants qu'à l'égard des héritiers du débiteur décédé ;

3° Que s'il poursuit l'un d'eux seulement, la prescription est interrompue quant à l'héritier interpellé et quant aux débiteurs survivants, jusqu'à concurrence de la part de cet héritier, sans l'être à l'égard des autres héritiers.

—Les mêmes règles régissent la créance solidaire (V. 2ᵉ examen, p. 555).

II. *Dette indivisible.* — La prescription interrompue contre l'un des débiteurs, ou par l'un des créanciers *d'une chose indivisible*, l'est contre tous les débiteurs ou dans l'intérêt de tous les créanciers. Ainsi, la poursuite faite contre l'un des héritiers du débiteur a un effet *général* : elle interrompt la prescription à l'égard de tous (V. 2ᵉ examen, p. 571, la critique de cette règle).

III. *Dette garantie par une caution.* — L'interpellation faite au débiteur *principal* ou l'acte par lequel il reconnaît la dette interrompt la prescription, *même à l'égard de la caution* : la loi a pensé qu'en garantissant le payement de la dette, la caution s'est par là même engagée à rester obligée *tant que le débiteur le sera.*

Si le débiteur reconnaît la dette non pas pendant le cours de la prescription, mais après la prescription acquise, cette reconnaissance ne constitue point une simple *interruption* ; c'est une *renonciation* au bénéfice acquis de la prescription ; or, *l'interruption* et la *renonciation* ne doivent pas être confondues : *l'interruption* nuit à la caution ; la *renonciation* ne lui est pas opposable (V. p. 20 et 21).

— La poursuite dirigée contre la caution ou la reconnaissance qu'elle fait de la dette interrompt-elle la prescription, soit à l'égard de la caution elle-même, soit à l'égard du débiteur principal ? — Les auteurs sont divisés sur ce point. Quelques-uns tiennent purement et simplement la négative (1), d'autres, purement et simplement aussi l'affirmative. Dans un système inter-

(1) M. Dur., t. XXI, n° 283.

Si le créancier poursuit l'un des débiteurs solidaires, ou si l'un d'eux reconnaît la dette, la prescription est-elle interrompue à l'égard de tous ?

Pourquoi l'interruption a-t-elle, dans ce cas, un effet général ?

Un débiteur solidaire est mort laissant plusieurs héritiers : *quid*, dans ces cas,

1° Si le créancier poursuit l'un des débiteurs solidaires survivants ?

2° S'il poursuit tous les héritiers du débiteur solidaire décédé ?

3° S'il poursuit l'un d'eux seulement?

Quid, dans le cas d'une dette indivisible, de la poursuite dirigée contre l'un des débiteurs ou par l'un des créanciers ? La disposition de la loi, à cet égard, est-elle logique ?

Art. 2250.

Si le débiteur *principal* est poursuivi, ou s'il reconnaît la dette, la prescription est-elle interrompue, même à l'égard de la *caution ?*

Si le débiteur principal renonce à une prescription accomplie, cette renonciation nuit-elle à la *caution?*

La poursuite dirigée contre la *caution* ou la reconnaissance qu'elle fait de la dette interrompt-elle la prescription, soit à son égard, soit à l'égard du débiteur principal ?

médiaire, on distingue si la caution s'est engagée en vertu d'un mandat que le débiteur lui a donné à cet effet, ou si elle n'est intervenue qu'à son insu. Au premier cas, la poursuite dirigée contre la caution interrompt la prescription quant à elle et aussi à l'égard du débiteur *dont elle est le représentant*; au second, la prescription n'est interrompue ni à l'égard du débiteur, car la caution ne le représente point, ni à l'égard de la caution elle-même; car n'étant poursuivie qu'en sa qualité de débiteur *accessoire*, l'action dirigée contre elle ne peut réussir qu'autant que la dette *principale* subsiste encore.

4e répétition. SECTION II. — DES CAUSES QUI SUSPENDENT LE COURS DE LA PRESCRIPTION.

Art. 2251.
Contre quelles personnes la prescription court-elle? Court-elle contre ceux qui *ignorent* leurs droits? Contre les *absents*? N'est-elle pas cependant, dans certains cas, suspendue à leur profit?

— « La prescription court contre toutes personnes, à moins qu'elles ne soient dans quelque exception établie par la loi. »

La loi n'a point fait d'exception en faveur des *absents* (V. les art. 137, 1676) ou de ceux qui *ignorent* leurs droits; la prescription court donc contre eux. L'absent est en faute d'avoir quitté son domicile, sans confier le soin de ses affaires à un mandataire actif et diligent. Celui qui ne sait pas qu'un droit existe à son profit, est également en faute; car, le plus souvent au moins, son ignorance vient de son incurie ou de sa négligence.

Dans certains cas, cependant, la prescription est suspendue au profit des absents ou de ceux qui ignorent le droit ouvert à leur profit; ainsi 1° la prescription de l'action en désaveu ne commence à courir que du jour de l'arrivée du mari *absent* (art. 316) ; 2° la prescription de l'action en rescision pour cause de dol ou d'erreur ne court que du jour de la découverte du dol ou de l'erreur (art. 1304 et 316).

— La peste, la guerre ou tous autres fléaux qui momentanément interrompent le cours de la justice, sont-ils une cause de suspension de la prescription? Ou plus généralement : la prescription court-elle contre ceux qui, par suite de circonstances de force majeure, se trouvent dans l'impossibilité de poursuivre leur droit?

Cette question revient à celle-ci : le Code a-t-il ou non reproduit l'ancienne maxime : *contra non valentem agere, non currit præscriptio?*

Les auteurs soutiennent l'affirmative ; mais je doute que leur opinion soit fondée.

La règle *contra non valentem agere, non currit præscriptio* a-t-elle été maintenue? Ainsi, la prescription est-elle suspendue dans l'intérêt de ceux qui, par suite d'une circonstance de force majeure, se trouvent dans l'impossibilité de poursuivre leur droit?

La règle *contra non valentem...* juste en elle-même et théoriquement parlant, est, en pratique, pleine de dangers ; je n'en connais pas qui soit plus élastique et par suite plus arbitraire. Tout le monde sait l'abus qu'on en fit dans l'ancien droit, l'extension ridicule qu'elle reçut au palais. Elle laissait aux juges un pouvoir discrétionnaire si grand, qu'elle rendit en quelque sorte la prescription vaine et inutile, tant étaient nombreuses les exceptions que suggérait l'esprit d'équité. « On connaît, dit Dunod, dans quelles discussions jettent les restitutions pour cause d'absence... On le ferait encore bien mieux sentir, si l'on rapportait tous les cas dans lesquels les docteurs disent que ces restitutions doivent être accordées ; mais il faudrait un volume pour les tous comprendre. »

Ces abus, le législateur n'a pas pu les ignorer ; il est donc naturel de sup-poser qu'il a abandonné la règle qui les causait. Ce qu'il y a de sûr, c'est qu'il ne l'a reproduite nulle part. S'il n'eût fait que la passer sous silence, peut-être pourrait-on soutenir qu'il ne l'a pas abandonnée ; mais comment croire qu'il la tolère, lorsqu'on le voit, après avoir posé cette règle inflexible : « la prescription court contre toute personne qui n'est pas dans quelque ex-ception *établie par la loi* », ne pas comprendre, parmi les personnes privilé-giées contre lesquelles la prescription ne court point, ceux qui, par suite de quelque événement de force majeure, sont dans l'impuissance d'agir et de faire valoir leur droit !

Mais, dit-on, les exceptions indiquées ne sont que des applications de l'ancienne règle *contra non valentem...*; donc elle doit être considérée comme ayant été virtuellement maintenue. Elle est d'ailleurs conforme à la raison !

Etrange manière de raisonner ! Une ancienne règle existe ; la pratique en a montré tous les abus. Le Code, au lieu de la reproduire, introduit une règle toute contraire ; il n'emprunte à l'ancienne doctrine que ce qui lui paraît juste ; il limite et restreint à certains cas particuliers, précisés dans des textes positifs, l'application qu'il entend en faire, et on en conclut qu'il est évident qu'il a virtuellement maintenu la règle elle-même, et qu'ainsi elle doit recevoir son application, non pas seulement dans les cas textuel-lement prévus, mais d'une manière générale, c'est-à-dire partout où se ren-contre l'impossibilité d'agir ! Est-ce logique !

Une règle *limitative* dans ses termes est posée : « La prescription court contre toutes personnes ; il *n'y a d'exceptions que celles qui sont établies* PAR LA LOI. » Celle qu'on nous propose est-elle, oui ou non, écrite dans la loi ? Là est toute la question ! or, qui oserait la résoudre affirmativement !

A défaut du texte de la loi, on invoque la raison : discutons-la !

Les cas où, par exception, la prescription ne court point sont fort peu nombreux ; or, qu'arrivera-t-il si l'on admet la règle *contra non valentem?...* Ils s'élargiront dans une proportion telle qu'ils absorberont la règle ! Et, en effet, l'impossibilité absolue d'agir ne se rencontre pas seulement dans les cas de peste ou de guerre ; elle peut résulter de mille autres circonstances, d'une inondation, d'un accès de folie ou de fièvre délirante... Toutes les anciennes controverses revivront ! Car s'il est vrai que le Code a *maintenu* la maxime que je combats, il faudra de toute nécessité dire qu'elle subsiste telle qu'elle était dans l'ancien droit, c'est-à-dire avec toutes ses incertitudes, expliquée, limitée et amplifiée par une foule de distinctions. On distinguera et on sous-distinguera, quant aux cas d'absence, entre l'absence *forcée* et l'absence *volontaire*, entre les absents pour le *service de l'État* et les absents pour *leur plaisir*. Il faudra compter les jours de fièvre, préciser le jour où le délire a commencé et le jour où il a fini, calculer le temps qu'a duré l'inonda-tion qui a empêché le créancier d'agir, la guerre ou la peste qui a inter-rompu le cours de la justice. L'arbitraire du juge prendra la place de textes précis de la loi ! On ouvrira de nouveau cette source de procès que la loi, dans l'intérêt sacré du repos et de la tranquillité publics, avait voulu fermer !

Mais, dit-on encore, la prescription n'est pas suspendue, lorsque l'obstacle qui a empêché le créancier d'agir s'est manifesté à une époque éloignée de l'échéance de la prescription, et que le créancier, rendu à la liberté, a eu tout le temps nécessaire pour poursuivre son droit : le temps des prescriptions est réglé avec assez de latitude pour qu'il ne soit pas nécessaire que tous les jours soient absolument utiles !

Ce tempérament apporté à la règle *contra non valentem...* en est la condamnation. Où est-il écrit? dans quel texte? Qui fixera le point à partir duquel les jours qui n'auront pas été utiles pour la prescription ne devront pas compter? Combien de temps faudra-t-il qu'ait duré l'impossibilité d'agir? Si elle n'a duré qu'un jour ou deux, en tiendra-t-on compte? Quelle est la règle à suivre à cet égard?

Qui ne voit qu'on ne peut résoudre ces questions qu'en laissant aux juges un pouvoir discrétionnaire , que la loi leur refuse lorsqu'elle pose en principe qu'il n'y a d'exceptions que celles qu'elle a elle-même établies (1)?

Je n'ajoute plus qu'un mot. L'ignorance du droit qu'on a constitue certainement une impossibilité absolue de le faire valoir ; faut-il en conclure qu'elle est une cause de suspension de la prescription ? Tous les auteurs répondent négativement. « L'ignorance, disent-ils, est une *faute*; la loi n'en doit tenir aucun compte. » Je reconnais que l'ignorance du droit qu'on a, tient souvent à la négligence et à l'incurie ; mais le contraire ne peut-il pas arriver? Personne n'en doute! Or, si celui dont l'erreur a été invincible doit néanmoins subir la prescription, pourquoi la suspendre dans l'intérêt de celui qui a été empêché d'agir par une autre cause?

L'application rigoureuse du principe consacré dans notre article pourra, je le reconnais, amener des résultats que l'équité condamne ; mais il ne faut pas perdre de vue qu'en l'établissant la loi a voulu couper court aux procès inextricables et nombreux que la maxime *contra non valentem...* avait engendrés dans notre ancien droit. Il n'est pas d'ailleurs de règle, si juste qu'elle soit, qui n'amène quelquefois, dans certains cas extraordinaires, des conséquences regrettables. Peut-être eût-on bien fait d'ajouter aux causes de suspension les cas de guerre ou de peste ; mais, soit par oubli, soit par toute autre cause, on ne les a pas compris parmi les exceptions ; or, les exceptions ne se suppléent point; ce n'est pas aux juges qu'appartient le droit de corriger l'œuvre imparfaite de la loi (2)!

(1) Cette règle n'existait point dans le premier projet du Code ; on énumérait seulement les personnes contre lesquelles la prescription ne court point; c'est après coup qu'elle a été ajoutée. Cette circonstance révèle la pensée de la loi. Elle a considéré sans doute que si elle se bornait à énumérer les cas dans lesquels la prescription est suspendue, les commentateurs, dont l'ambition scientifique tend toujours à sortir des limites de la loi, ne manqueraient point d'élargir, par des arguments *à part* ou *à fortiori*, le cercle des exceptions; en conséquence, et afin de ne rien laisser à l'arbitraire, elle a fait aux juges défense d'admettre d'autres exceptions que celles qu'elle a elle-même établies. — Si la règle, consacrée dans notre article, n'a pas le sens que j'indique, elle n'en a aucun.

(2) La loi du 6 brumaire an V contenait une exception en faveur des défenseurs de la patrie et des autres citoyens attachés au service des armées de terre

J'admets toutefois que la prescription ne court point, lorsque l'obstacle qui nous empêche d'agir vient de la loi elle-même. Ainsi, lorsqu'une personne fait une donation qui dépasse la quotité disponible, l'action en réduction ne court point contre les héritiers réservataires, tant que la succession n'est pas ouverte ; car leur action n'étant pas encore née, elle n'a, du vivant du donateur, aucune existence légale, *pas même une existence conditionnelle* : la prescription ne peut donc pas courir contre elle ! Prescrire, c'est acquérir le droit d'un autre ou se libérer d'un droit auquel on est soumis ; or (cela est trivial à dire, tant cela est évident), pour qu'un droit passe d'une personne à une autre, il faut qu'il existe *au moins à l'état de droit conditionnel*. Il est plus évident encore qu'il ne peut pas cesser d'exister avant qu'il soit ouvert. En d'autres termes, la prescription transfère ou éteint les droits existants ; elle ne les empêche jamais de naître.

Des personnes privilégiées contre lesquelles la prescription ne court point. — Les exceptions que nous avons à étudier sont fondées, tantôt sur la qualité du créancier ou du propriétaire, tantôt sur les relations existant entre lui et le débiteur ou le possesseur, tantôt enfin sur la modalité de la créance elle-même.

I. *Exceptions fondées sur la qualité du créancier ou du propriétaire.* — La prescription ne court point :

1° « *Contre les mineurs et les interdits* ».

Contre les mineurs... émancipés ou non : la loi ne distingue pas.

Contre les interdits... La loi ne parle ni de ceux qui sont placés sous un conseil judiciaire (art. 499 et 513), ni de ceux qui sont en état d'imbécillité, de démence ou de fureur, mais qui ne sont pas interdits ; la prescription court contre eux, par conséquent.

—Les mineurs et interdits ont un tuteur qui les représente, qui a le droit et le devoir d'exercer les actions qui leur compètent ; il semble donc que la prescription aurait dû courir contre eux, sauf leur recours contre leur tuteur, qui, par sa négligence, l'aurait laissée s'accomplir ; mais, comme ils sont incapables de surveiller leur tuteur, et de provoquer sa destitution quand il gère mal, la loi n'a pas voulu qu'ils soient victimes d'une négligence qui n'est pas la leur, et qu'ils n'ont eu aucun moyen de prévenir.

Toutefois, afin de ne pas multiplier les procès, elle fait courir contre eux les petites prescriptions, c'est-à-dire celles qui s'accomplissent par un laps de temps qui ne dépasse pas cinq ans (V. l'art. 2278 ; V. aussi les art. 1663 et 1676) : l'intérêt de la société a dû l'emporter ici sur la faveur dont la loi les entoure.

—On a avec raison critiqué le privilége que la loi accorde aux mineurs et aux

et de mer ; mais cette loi n'était que *transitoire* ; elle n'est plus en vigueur aujourd'hui. — Un avis du Conseil d'État du 25 janvier 1814, approuvé par le chef du gouvernement et inséré au *Bulletin des lois*, a décidé affirmativement la question de savoir si l'invasion de l'ennemi peut relever les porteurs de lettres de change de la déchéance, faute de protêt (V. dans le même sens une lettre de M. Duchâtel, *Moniteur* du 24 avril 1834) ; mais cette décision n'a trait qu'aux protêts qui, devant être faits dans un délai extrêmement court, ont pu être affranchis de la rigueur du droit commun.

interdits ; la société tout entière en souffre! car, en prolongeant indéfiniment le temps de la prescription, il tient la propriété perpétuellement incertaine. Qu'on suppose, en effet, toute une série de mineurs ou interdits succédant à des mineurs et interdits, et, après cent ans peut-être, la prescription ne sera pas encore accomplie ! Personne ne se peut donc dire avec certitude propriétaire de la chose qu'il possède ; on peut en être évincé après plusieurs siècles de possession.

Peut-être eût-on bien fait de les laisser sous l'empire du droit commun, sauf à doubler, quant à eux, le temps de la prescription. C'est ce qu'a fait le Code sarde : la prescription court contre les mineurs et interdits ; mais elle ne s'accomplit que par soixante ans.

Art. 2254.
La prescription court-elle contre les femmes mariées ?
Court-elle, pendant le mariage, à l'égard des actions en rescisiou des contrats qu'elles ont faits sans autorisation de leur mari ou de justice ?
Pourquoi est-elle suspendue dans ce cas ?

2° *Contre les femmes mariées, quoique majeures mais dans quatre cas seulement.*

PREMIER CAS. — Sous quelque régime qu'elles soient mariées, la prescription ne court point contre elles, quant aux actions en rescision des contrats qu'elles ont faits sans l'autorisation de leur mari ou de la justice : *ce n'est qu'à partir de la dissolution du mariage* que ces actions deviennent prescriptibles (V. l'art. 1304).

La loi a pensé sans doute que la femme qui a eu la faiblesse de contracter sans aucune autorisation n'aurait pas assez d'énergie pour se décider à demander à son mari l'autorisation d'attaquer l'acte qu'elle a fait à son insu et en se cachant de lui ; qu'elle préférerait sacrifier son intérêt plutôt que de divulguer sa révolte contre la puissance de celui auquel elle avait solennellement juré d'être soumise, et qu'ainsi il était juste, puisqu'elle était moralement impuissante à agir, de suspendre à son profit la prescription, jusqu'à la dissolution de son mariage. (V. l'explic. de l'art. 1304, 2ᵉ examen, p. 665.)

Art. 2256.
La prescription court-elle contre les femmes, quant aux actions qui *réfléchiraient* contre leur mari si elles les exerçaient ?
Quelles sont les actions qui réfléchiraient contre le mari si sa femme les exerçait ?
Pourquoi la prescription est-elle suspendue dans ce cas ?

DEUXIÈME CAS. — *Sous quelque régime qu'elles soient mariées, la prescription ne court point contre elles, quant aux actions qui* RÉFLÉCHIRAIENT CONTRE LEUR MARI, *si elles les exerçaient contre le tiers qui y est soumis.*

Les actions qui *réfléchiraient contre* le mari, si sa femme les exerçait, sont celles qui le soumettraient à un recours en garantie de la part de ceux qui les subiraient.

Si ces actions étaient prescriptibles pendant le mariage, il arriverait l'une de ces deux choses : ou la femme ne craindrait pas de déplaire à son mari en les faisant valoir, et alors la paix du ménage serait troublée ; ou elle n'oserait pas agir dans la crainte de blesser son mari, de l'irriter contre elle en le soumettant à un recours en garantie, et alors son intérêt serait sacrifié. Cette alternative n'avait que des dangers ; la loi n'a pas dû la tolérer. De là la règle que la prescription est suspendue, *jusqu'au moment de la dissolution du mariage,* dans tous les cas où l'action qu'a la femme *réfléchirait contre son mari,* si elle la faisait valoir.

En d'autres termes, la femme, dominée qu'elle est par la crainte que son mari lui inspire ou par l'affection qu'elle lui porte, est réputée être dans l'impuissance morale d'agir, *toutes les fois que son intérêt se trouve en conflit avec le sien.*

Parcourons quelques espèces.

Si le mari vend seul Un immeuble, appartenant à une femme, a été vendu, sans son consentement, par son mari :—si elle agissait contre l'acheteur, qu'arriverait-il ? L'acheteur évincé recourrait contre son mari qui, étant garant de la vente, devrait lui rembourser le prix qu'il en a reçu, les frais et loyaux coûts du contrat, et même, s'il y a lieu, d'autres dommages et intérêts (art. 1630) ! Ainsi, en poursuivant l'acheteur , elle atteindrait son mari du même coup ; elle ne sauvegarderait son propre intérêt qu'en sacrifiant le sien ; en d'autres termes, son action, si elle l'exerçait, *réfléchirait* contre lui. En conséquence, l'acheteur , *fût-il de bonne foi*, ne prescrira pas contre elle, tant qu'elle sera en puissance de son mari.

Le mari a vendu, comme sien, l'immeuble de sa femme, *avec stipulation de non-garantie*, à un acheteur *qui croyait traiter avec le véritable propriétaire :* — Cet acheteur ne prescrira point contre la femme, pendant le mariage : l'action qu'elle a contre lui réfléchirait, en effet, contre son mari, si elle l'exerçait ; car, nonobstant le bénéfice de la clause de non-garantie qu'il a stipulé, il serait obligé de rendre à l'acheteur , s'il était évincé, le prix qu'il en a reçu (V. art. 1629).

Mais si, étant de bonne foi, il l'a vendu *sans garantie* à un acheteur qui savait que l'immeuble n'était pas à lui, ou à un acheteur de bonne foi, sous la clause *sans garantie et à ses risques et périls*, la prescription courra contre la femme, même pendant le mariage ; car, dans l'espèce, son mari n'étant tenu *d'aucune garantie* envers l'acheteur (art. 1629), la femme peut exercer son action en revendication sans craindre qu'elle réfléchisse contre lui.

— Si le mari a fait *donation* d'un immeuble appartenant à sa femme , le donataire prescrira-t-il contre elle ? On distingue. Oui, dans le cas d'une donation ordinaire ; car le donateur n'étant tenu d'aucune garantie (V. 2ᵉ examen, p. 290), l'action en revendication qu'a la femme ne réfléchira point contre lui ; non, s'il s'agit d'une donation *causa dotis*, si elle a été faite en faveur du mariage du donataire, car, dans l'espèce, le donateur répond de l'éviction de la chose donnée : l'action en revendication qu'a sa femme réfléchirait contre lui, si elle l'exerçait (V. les art. 1440 et 1547).

Ainsi, la prescription court contre la femme pendant le mariage ; c'est le principe. Toutefois elle est suspendue pendant ce temps, *même à l'égard des tiers de bonne foi,* toutes les fois que l'action qu'elle a contre eux réfléchirait contre son mari.

Cette théorie amène des résultats bizarres.

Le mari a donné un immeuble de sa femme ; il en a vendu un autre qui lui appartient également :—le *donataire*, fût-il de mauvaise foi, prescrira contre la femme, même pendant le mariage ; la prescription ne courra point pendant ce temps, au profit de l'*acheteur*, fût-il de bonne foi !

— Le mari vend, comme sien, un immeuble de sa femme à un acheteur de bonne foi ; un tiers , pendant l'absence des époux, s'empare d'un autre immeuble appartenant également à la femme :—l'acheteur de bonne foi ne prescrira point contre elle, pendant le mariage ; la prescription courra, au contraire, dans l'intérêt du *prædo*, du possesseur de mauvaise foi !

TROISIÈME CAS. *Lorsque la femme est mariée sous le régime de communauté, la prescription ne court point contre elle, quant aux actions qu'elle ne peut exercer qu'après une option à faire sur l'acceptation ou la répudia-*

un immeuble appartenant à sa femme, la prescription court-elle, pendant le mariage , au profit de l'acheteur?

Le mari a vendu comme sien l'immeuble de sa femme avec stipulation de *non-garantie* à un acheteur de bonne foi : cet acheteur prescrira-t-il pendant le mariage ?

Le mari a, le croyant sien, vendu un immeuble de sa femme ; il l'a vendu *sans garantie* à un acheteur de mauvaise foi, ou à un acheteur de bonne foi, mais *à ses risques et périls :* cet acheteur prescrira-t-il pendant le mariage

Le mari a *donné* un immeuble de sa femme : le donataire prescrira-t-il pendant le mariage ?

La règle que la prescription qui, en principe, court contre la femme pendant le mariage, est suspendue pendant ce temps, *même à l'égard des possesseurs de bonne foi,* toutes les fois que l'action qu'elle a contre eux réfléchirait contre son mari, n'amène-t-elle point des conséquences bizarres ?

Art. 2256, 1º.

Les femmes mariées sous le régime de la communauté sont-

elles, pendant le ma-
riage, soumises à la
prescription quant
aux actions qu'elles
ne peuvent exercer
qu'après une option
à faire sur l'accepta-
tion ou la répudiation
de la communauté ?
Quelles espèces
peuvent servir à ex-
pliquer cette excep-
tion ?

tion de la communauté. Exemples : La femme a ameubli, c'est-à-dire fait tomber dans la communauté un immeuble, mais sous la condition que l'ameublissement sera résolu et considéré comme non avenu, *si elle renonce à la communauté.* Elle a donc sur cet immeuble un droit de propriété subordonné au parti qu'elle prendra lors de la dissolution de la communauté. Si elle l'accepte, l'immeuble sera réputé avoir toujours appartenu à la communauté ; si elle la répudie, elle sera réputée en avoir toujours conservé la propriété : si cet immeuble passe entre les mains d'un tiers, la prescription ne courra point contre la femme tant que durera la communauté, car elle ne peut exercer l'action en revendication qui lui compète qu'après une option à faire sur l'acceptation ou la répudiation de la communauté, lorsqu'elle sera dissoute.

Je suppose que le mari fasse donation d'un immeuble faisant partie de la communauté ; cette donation n'est pas valable à l'égard de la femme qui peut en demander la nullité (V. l'art. 1422) ; mais, bien entendu, elle ne peut exercer ce droit qu'à la dissolution de la communauté, et au cas seulement où elle l'accepte. Le donataire ne prescrira donc point contre elle, pendant le mariage, puisque l'action qu'elle a contre lui ne peut être exercée qu'après une option à faire sur l'acceptation ou la répudiation de la communauté.

Quels en sont les motifs ?

Mais pourquoi la prescription ne court-elle point contre la femme quant aux actions qu'elle ne peut exercer qu'après une option à faire sur l'acceptation ou la répudiation de la communauté? Ce n'est pas, ainsi qu'on le dit, parce que les actions de cette nature sont *conditionnelles* ; car nous verrons bientôt, en expliquant l'article 2257, que les actions en *revendication*, ou plus généralement les actions *réelles* sont prescriptibles, alors même qu'elles sont conditionnelles ou à terme. Voici, je crois, quelle a été la pensée de la loi. Si la prescription, quant à ces actions, courait, pendant le mariage, contre la femme, celle-ci serait obligée de contrôler les actes de son mari, de le surveiller activement dans l'administration des biens communs, et, si elle le trouvait négligent, de se substituer à lui, quant à l'exercice des actions qui les intéressent ; elle s'immiscerait en quelque sorte dans l'administration de la communauté ; or, on comprend qu'une surveillance de cette nature s'accommoderait mal avec le pouvoir si étendu que la loi accorde au mari sur les biens communs; des altercations fâcheuses naîtraient de ce conflit : la loi a dû l'éviter.

Art. 2255.
Lorsque la femme
est mariée sous le
régime dotal, les im-
meubles qu'elle a
constitués en dot
sont-ils prescripti-
bles pendant le ma-
riage ?

QUATRIÈME CAS. *Lorsque la femme est mariée sous le régime dotal, la prescription ne court point contre elle, pendant le mariage, quant aux immeubles dotaux non stipulés aliénables.* — Sous ce régime, les immeubles dotaux sont *inaliénables*, sauf stipulation contraire (V. l'art. 1554, combiné avec l'art. 1557) ; nous avons donc deux classes d'immeubles dotaux, ceux qui sont et ceux qui ne sont pas *inaliénables.*

Les premiers seulement sont imprescriptibles pendant le mariage.

La règle que les
immeubles dotaux
inaliénables sont im-
prescriptibles pen-
dant le mariage,

Ainsi la loi a fait marcher de pair *l'inaliénabilité* et *l'imprescriptibilité* des immeubles dotaux.—Cette règle toutefois a besoin d'un double tempérament.

1º Les immeubles dotaux, *quoique inaliénables*, sont *prescriptibles*, même pendant le mariage, lorsque la prescription a commencé avant sa célébration (article 1561). Vous possédez un immeuble appartenant à *Paul*; *Paul* le constitue en dot à sa fille, qui se marie sous le régime dotal : la prescription, qui avait commencé, continuera de courir à votre profit. Ainsi, la dotalité ou plutôt l'inaliénabilité qu'elle entraîne ne suspend point la prescription *déjà commencée* au moment où l'immeuble se trouve placé sous le régime dotal (V. dans le 5ᵉ examen, p. 124 et 125, le motif de cette disposition).

2° Quoique la séparation de biens n'ait pas pour effet de rendre *aliénables* les immeubles dotaux, elle les rend néanmoins *prescriptibles*, selon les règles du droit commun, c'est-à-dire dans tous les cas, sauf ceux où les autres biens ne seraient pas eux-mêmes sujets à prescription.

En résumé, en ce qui touche les immeubles dotaux inaliénables,

La possession a-t-elle commencé *avant*, la prescription continue de courir *pendant* le mariage.

A-t-elle commencé pendant le mariage, la prescription est suspendue jusqu'au jour de la séparation de biens.

Est-elle postérieure à la séparation de biens, la prescription commence du jour même de la possession.

Toutefois, elle ne commence jamais qu'après la dissolution du mariage, 1ᵈ quant à l'action en révocation des aliénations que la femme a consenties sans l'autorisation de son mari ou de justice (V. p 64) ; — 2ᵒ quant aux actions qui réfléchiraient contre son mari , si elle les exerçait contre le tiers qui y est soumis (V. p. 64 et 65. V. aussi, dans mon 5ᵉ examen, p. 124 et suiv., le développement de cette théorie).

— Nous avons étudié les cas où , par exception, la prescription ne court point contre les femmes mariées; en dehors de ces cas, qui sont au nombre de quatre, les femmes sont soumises au droit commun : « La prescription, dit l'article 2254 , court contre elles, encore qu'elles ne soient pas séparées par contrat de mariage ou en justice, *à l'égard des biens dont le mari a l'administration.*

En prévoyant expressément le cas où le mari a *l'administration des biens de sa femme*, la loi n'a pas entendu dire, *à contrario*, que la prescription ne court point contre elle dans le cas où elle est elle-même chargée du soin d'administrer sa propre fortune. Si elle a cru devoir s'expliquer spécialement sur le premier cas, c'est qu'il fallait prévenir un doute qu'il pouvait faire naître, et que ne comportait pas le second. Lorsqu'en effet c'est la femme qui administre elle-même ses biens, il n'existe aucune raison particulière de suspendre la prescription à son profit; mais lorsque le droit d'administrer son patrimoine est confié à son mari, lorsque c'est lui qui est chargé de l'exercice de ses actions, on aurait pu croire qu'étant alors dans une position analogue à celle des mineurs, dont les droits sont exercés par leur tuteur, la prescription ne devait pas courir contre elle, de même qu'elle ne court point contre eux.

Mais la loi n'a pas pensé que cette assimilation fût juste; on ne pouvait pas, sans injustice, faire courir la prescription contre les mineurs et interdits; car, incapables qu'ils sont de surveiller leur tuteur et de provoquer sa destitution, lorsque, par sa négligence, il compromet leurs droits, ils n'ont aucun moyen de se sauvegarder eux-mêmes; les femmes, au contraire, peuvent, en demandant la séparation de biens, reprendre l'exercice de leurs actions et les faire valoir elles-mêmes, toutes les fois que leurs maris les compromet en ne les exerçant pas. Un moyen leur est ouvert pour se défendre contre la prescription ; elles doivent donc la subir, si elles ne font rien pour l'empêcher.

Toutefois, il existe une différence entre le cas où le mari a et celui où il n'a pas l'administration des biens de sa femme.

La femme qui administre elle-même ses biens et qui laisse la prescription s'accomplir contre elle, est seule coupable ; elle n'a donc aucun recours à exercer contre son mari.

Que si, au contraire, c'est son mari qui administre, c'est lui alors qui est en faute, car sa femme se reposait sur lui du soin qu'elle lui avait confié de conserver sa fortune ; il est donc juste qu'il l'indemnise de la perte qu'il lui a causée par sa négligence.

Ainsi, le mari, administrateur des biens de sa femme, est responsable envers elle des prescriptions qu'il pouvait interrompre et qu'il n'a pas empêchées. Je dis qu'il *pouvait* interrompre… Car, toute responsabilité suppose une *faute*. Il y aura donc toujours une question de fait à examiner : le mari a-t-il ou non connu le droit contre lequel la prescription courait au moment du mariage, et, s'il l'a ignoré, est-il ou non en faute de ne l'avoir pas connue ? Les juges décideront, suivant les circonstances. Ainsi, il n'est pas douteux que sa responsabilité n'est pas engagée, lorsque la prescription s'est accomplie à une époque si rapprochée de la célébration du mariage, qu'il n'a pas eu le temps de prendre, dans un si court intervalle, connaissance des affaires de sa femme (1).

II. *Exceptions fondées sur certaines relations existant entre le débiteur et le créancier, le possesseur et le propriétaire.* — La prescription ne court point :

1° *Entre époux.* — M. Bigot-Préameneu, dans son discours au Conseil d'Etat, motive ainsi cette exception : « Il ne peut y avoir de prescription entre époux. Il serait contraire à la nature de la société du mariage que les droits de chacun ne fussent pas l'un à l'égard de l'autre respectés et conservés. L'union intime qui fait leur bonheur est en même temps si nécessaire à l'harmonie de la société, que toute occasion de la troubler est écartée par la loi. » Les époux sont, d'ailleurs, incapables de se faire des libéralités *indirectes* ; or, si la prescription courait entre eux, cette incapacité deviendrait vaine et illusoire, car rien ne leur serait plus facile que de l'éluder, en laissant courir des prescriptions dont l'effet serait d'enrichir l'un aux dépens de l'autre (2).

2° *Contre l'héritier bénéficiaire, à l'égard des créances qu'il a contre la succession.* — Quelques personnes motivent cette exception par la règle *contra non valentem agere non currit præscriptio.* La prescription, disent-elles, ne court point contre l'héritier bénéficiaire, créancier de la succession, *parce qu'il ne peut pas agir contre lui-même.* Cette raison n'est pas exacte ,

(1) M. Dur., t. XXI, n° 301 ; M. Val.
(2) M. Dur., t. XXI, n° 299 ; M. Val. ; M. Bug. sur Poth., t. II, p. 375.

car l'héritier bénéficiaire peut très-bien, sans agir contre lui-même, exercer et faire valoir les actions qu'il a contre la succession. L'article 996 du Code de procédure lui en fournit le moyen. Il peut, en effet, les intenter, soit contre ses cohéritiers s'il en a, soit, dans l'hypothèse contraire, contre un curateur qu'il fait nommer à cet effet. — Si la prescription ne court point contre lui, c'est qu'étant nanti des biens qui forment son gage, et par conséquent sûr d'obtenir le dividende auquel il a droit, il n'a aucun intérêt à exercer des poursuites contre la succession (1). *Quel est le motif de cette exception ?*

— La réciproque est-elle vraie? La prescription est-elle suspendue au profit de la succession, à l'égard des créances qu'elle a contre l'héritier bénéficiaire? L'affirmative est généralement admise et avec raison. L'héritier bénéficiaire étant l'administrateur de la succession, est tenu, en cette qualité, de faire tous les actes conservatoires de ses droits et, par conséquent, d'interrompre les prescriptions qui courent contre elle; il doit donc, lorsqu'il est débiteur envers elle, se payer à lui-même ce qu'il lui doit : *à seme- tipso exigere debet.* Que s'il y manque, il est en *faute*; or, personne ne peut argumenter de l'inobservation de son devoir pour en tirer profit : *nemo ex suo meliorem suam conditionem facere potest.* *La prescription court-elle contre la succession à l'égard des créances qu'elle a contre l'héritier bénéficiaire ?*

Ainsi, la prescription ne court point entre la succession et l'héritier béné- ficiaire. Mais remarquons que cette suspension n'a trait qu'aux créances que l'héritier a contre la succession ou qu'elle a contre lui, et, qu'ainsi, elle est étrangère aux créances que l'héritier bénéficiaire peut avoir contre ses cohéritiers ou qu'ils peuvent avoir contre lui. Paul laisse quatre héritiers et parmi eux un créancier de 1,200 fr.; l'héritier créancier accepte la suc- cession sous bénéfice d'inventaire; sa créance se divise en quatre petites créances dont l'une d'elles reste à la charge de la portion de succession qui lui est échue, tandis que les trois autres regardent ses cohéritiers : la pres- cription ne court point, quant à la portion de créance qui est restée à la charge de la portion de succession qui lui est échue et qu'il a acceptée sous bénéfice d'inventaire; elle court, au contraire, quant aux autres portions de créances mises à la charge de ses cohéritiers (2). *Court-elle contre l'héritier bénéficiaire ou à son profit quant aux créances qu'il a contre ses cohéri- tiers ou qu'ils ont contre lui ?*

— La prescription court contre une succession vacante, alors même qu'elle n'est point pourvue d'un curateur (V. dans mes répétitions sur le deuxième examen, p. 104, l'explic. de cette règle). *Court-elle contre une succession va- cante qui n'est point pourvue d'un cura- teur ?*

— Elle court même contre elle pendant les trois mois pour faire inven- taire et les quarante jours pour délibérer ; car l'héritier peut, pendant ce temps et sans qu'il soit tenu pour cela de prendre qualité, faire tous les actes conservatoires et, par suite, interrompre les prescriptions qui courent contre elle (V. mes répétitions sur le deuxième examen, p. 111, § 5). *Pourquoi court-elle dans ce cas ? Court-elle pendant les trois mois pour faire inventaire, et les quarante jours pour délibérer ?*

Réciproquement la prescription court à son profit, même pendant que l'héritier délibère sur le parti qu'il doit prendre; car les tiers, qui ont des droits contre elle, peuvent valablement agir contre l'héritier qui délibère; il peut, il est vrai, leur opposer l'exception dilatoire de l'article 174 du Code de procédure, mais alors l'affaire, restée *in suspenso,* sera plus tard *continuée* *Court-elle à son profit pendant le même temps ?*

(1) M. Dur., t. XXI, n. 314; M. Bug. sur Poth., t. II, p. 376.
(2) M. Dur., t. XXI, n° 315.

contre lui, s'il accepte, ou, s'il renonce, contre ceux qui succéderont à sa place : sa renonciation ne détruit pas l'efficacité des actes valablement faits contre lui (V. mes répétitions écrites sur le deuxième examen, p. 102).

Art. 2257.

La prescription court-elle à l'égard d'une créance conditionnelle tant que la condition n'est pas réalisée ?
Quid, si la condition est résolutoire ?

III. *Exceptions fondées sur la modalité de la créance.* — La prescription ne court point :

1° *A l'égard d'une créance qui dépend d'une condition*, jusqu'à ce que la condition soit *réalisée*.

La condition qui empêche la prescription de courir est celle qui tient en suspens l'*existence* même de la créance, en d'autres termes, la condition *suspensive*.

La condition *résolutoire*, c'est-à-dire celle qui suspend, non pas l'*existence*, mais la *résolution* de l'obligation, n'a pas le même effet ; la créance affectée d'une condition de cette nature existe dès à présent ; celui auquel elle appartient peut l'exercer et la faire valoir, de même que si elle était pure et simple ; dès lors quelle raison y a-t-il de suspendre la prescription à son égard (1) ?

Court-elle, à l'égard d'une action en garantie, tant que l'éviction n'a pas eu lieu ?

2° *A l'égard d'une action en garantie, jusqu'à ce que l'éviction ait lieu.* — Ce cas rentre dans le premier, car si l'action en garantie est imprescriptible tant que l'éviction n'a pas eu lieu, c'est uniquement parce qu'elle est *conditionnelle*, subordonnée à un événement futur et incertain, l'éviction.

— L'action *en garantie* est celle par laquelle un acquéreur à titre onéreux (ou un donataire à titre de dot), qui a été évincé de la chose qu'il avait cru acquérir, c'est-à-dire qui a été obligé de la restituer à son véritable propriétaire, recourt contre son auteur à l'effet de se faire indemniser du dommage que lui a causé l'éviction et du gain qu'elle l'a empêché de faire (V. l'art. 1630).

Court-elle, à l'égard d'une créance à terme, tant que le terme n'est pas échu ?

3° *A l'égard d'une créance à terme, jusqu'à ce que le terme soit échu.* — Le dernier jour du terme appartient en entier au débiteur ; ce n'est donc qu'à partir de la fin de ce jour, c'est-à-dire du commencement du suivant, que la prescription commence à courir (2).

Quid, si la dette est payable en plusieurs termes ?

— Si la dette est payable en plusieurs termes, la prescription court du jour de l'expiration du premier terme, pour la portion de la dette qui était alors exigible ; elle ne court pour les autres portions que du jour de l'expiration de chacun des autres termes auxquels elles sont payables.

Ainsi, la *condition* et le *terme* suspendent la prescription ; mais pourquoi ? Ce n'est pas, ainsi qu'on le dit, par application de la règle *contra non valentem* ; car si la prescription courait contre le créancier conditionnel ou à terme, rien ne lui serait plus facile que de l'interrompre, conformément

Pourquoi la prescription ne court-elle point contre les créances conditionnelles ou à terme, tant que la condition n'est point réalisée ou le terme échu ?

au principe consacré dans l'article 1180, savoir, que le créancier peut, *pendente conditione*, et à fortiori, *pendente die*, faire tous les actes conservatoires de sa créance. Il irait trouver son débiteur et lui dirait : J'ai contre vous une créance conditionnelle ou à terme, qui est sur le point d'être prescrite ; reconnaissez-la et donnez-moi un acte récognitif. En cas de refus, il l'assignerait en reconnaissance de sa créance telle qu'elle se

(1) M. Dur., t. XXI, n° 526.
(2) M. Dur., t. XXI, n° 352.

comporte. Cette reconnaissance volontaire, ou cette assignation en reconnaissance du droit du créancier, interromprait la prescription, conformément aux articles 2244 et 2248.

Si la prescription ne court point *pendente conditione* ou *pendente die*, c'est qu'elle repose sur des motifs qui ne se rencontrent plus, quand la créance est conditionnelle ou à terme. La loi, en consacrant le principe de la prescription libératoire, est partie de cette double idée : le créancier qui reste trente ans sans agir a dû être payé. Cette présomption sera fausse quelquefois, mais il est juste que le créancier, dans l'intérêt général de la société, supporte la peine de sa négligence. Or, 1° cette présomption de payement serait ridicule, si on la plaçait *pendente conditione* ou *pendente die*, car les présomptions sont fondées sur ce qui arrive communément, et, certes, il n'est pas dans les habitudes des débiteurs de payer avant la réalisation de la condition sous laquelle ils sont obligés, ou avant l'échéance du terme ; 2° le créancier qui, *pendente conditione aut pendente die*, n'exerce point de poursuites à l'effet d'être payé, n'est pas en faute, puisque l'inaction dans laquelle il reste lui est imposée par la loi elle-même.

— Remarquons bien les termes de notre article : « La prescription ne court point à l'égard d'une *créance...* conditionnelle, tant que la condition n'est pas réalisée ; à l'égard d'une *créance* à terme, tant que le terme n'est pas échu... »

A l'égard d'une *créance...* Donc notre règle n'a trait qu'aux *créances*; donc elle ne s'applique point aux droits *réels*, c'est-à-dire à la *propriété* et à ses démembrements ! Celui qui possède prescrit contre tout le monde, aussi bien contre ceux qui n'ont sur la chose par lui possédée qu'un droit conditionnel ou à terme, que contre ceux qui ont sur elle un droit pur et simple.

La règle que la prescription ne court point *pendente conditione aut pendente die*, s'applique-t-elle à la prescription *acquisitive?*
En d'autres termes, les droits *réels* conditionnels ou à terme sont-ils prescriptibles, même *pendente conditione aut pendente die?*
Mais comment celui contre lequel elle court pourra-t-il l'interrompre ?

Paul vous a légué un immeuble sous une condition suspensive ; l'héritier du testateur vend cet immeuble à Jacques, qui le possède de bonne foi pendant dix ou vingt ans, ou, de mauvaise foi, pendant trente ans : la prescription a couru à son profit du jour même où sa possession a commencé.

Ne dites point que cette prescription est injuste ; il vous était facile de l'interrompre. La loi ne vous autorisait-elle point à faire, *pendente conditione*, tous les actes conservatoires de votre droit? Il fallait, car vous le pouviez, ou obtenir du possesseur une reconnaissance volontaire, ou, en cas de refus, l'assigner en reconnaissance de votre droit tel qu'il se comportait (V. p. 70).

—Cette théorie amène un résultat bizarre. Une hypothèque vous a été donnée pour la garantie d'une créance conditionnelle ou à terme : tant que l'immeuble hypothéqué est entre les mains de votre débiteur, *pendente conditione aut pendente die*, la prescription ne court contre vous, ni quant à l'action personnelle que vous avez contre votre débiteur, ni quant à l'action hypothécaire que vous avez sur l'immeuble hypothéqué. Mais supposez qu'il aliène l'immeuble : le tiers possesseur prescrira contre vous, même *pendente conditione aut pendente die*, à l'effet d'acquérir l'affranchissement de l'hypothèque dont est grevé l'immeuble qu'il détient.

L'hypothèque attachée à une créance conditionnelle ou à terme est-elle prescriptible *pendente conditione aut pendente die?*
Quelle distinction faut-il faire à cet égard?

Mais, bien entendu, vous pouvez interrompre la prescription soit en obtenant du possesseur une reconnaissance, soit, en cas de refus, en l'assignant en reconnaissance de votre hypothèque conditionnelle ou à terme (V. dans le 5ᵉ examen, p. 511, l'explication de l'art. 2173).

—En résumé, la règle que la prescription ne court point *pendente conditione aut pendente die* ne s'applique point à la prescription *acquisitive;* elle n'a trait qu'aux prescriptions *libératoires.*

Les droits réels qui ne sont pas encore nés, qui n'existent même pas à l'état de droits conditionnels, sont-ils prescriptibles?

— Je ferai remarquer, en terminant, qu'il ne faut pas confondre les droits qui ne sont pas encore nés, qui n'ont aucune existence légale, pas même une existence conditionnelle, avec les droits *conditionnels proprement dits.* Ainsi le droit de faire réduire les libéralités qui dépassent la quotité disponible n'existe point, même à l'état de droit conditionnel, du vivant du donateur; il en est de même du droit qu'a le donataire de biens à venir, de demander la nullité des aliénations à titre gratuit que le donateur a faites en son vivant (art. 1083): tant que ces droits ne sont pas ouverts, et ils ne s'ouvrent qu'à la mort du donateur, l'héritier présomptif réservataire ou le donataire de biens à venir, ne peuvent pas les exercer, ni même faire des actes conservatoires; la prescription ne peut donc pas courir contre eux (V. p. 63).

5ᵉ *répétition.*

CHAPITRE V. — DU TEMPS REQUIS POUR PRESCRIRE.

SECTION I. — DISPOSITIONS GÉNÉRALES.

Art. 2260.
Comment se compte la prescription?

La prescription se compte par *jour* et non par *heures, non de momento ad momentum.* Ainsi, il n'est pas nécessaire de finir la prescription par la même heure à laquelle elle a commencé : on la compte, non pas depuis dix heures, par exemple, de tel jour jusqu'à la même heure de tel autre jour, mais depuis tel *jour* jusqu'à tel autre *jour.* «Ce n'est pas, dit M. Duranton (1), tel nombre de délais de vingt-quatre heures que la loi exige, mais tel nombre de jours, commençant, *civiliter,* chacun à minuit pour finir à minuit. »

Pourquoi la loi veut-elle qu'on la compte par jours et non par heures?

— La loi ne veut pas qu'on compte par heures, afin de prévenir les procès qu'aurait fait naître la question de savoir avec précision le point de départ de la prescription.

Art. 2261.
Le jour de l'échéance de la prescription, le dies ad quem, qui n'est que commencé, compte-t-il?

Une autre question restait à décider : les fractions de jour compteront-elles ou seront-elles rejetées? En d'autres termes, si le jour de l'échéance de la prescription, le *dies ad quem,* est *commencé* mais *non achevé,* entrera-t-il tout entier dans le calcul de la prescription, ou devra-t-il en être exclu en entier? Même question quant au *dies à quo,* c'est-à-dire quant au jour qui sert de point de départ à la prescription.

La loi romaine résout la question par une distinction : les jours *commencés* sont comptés pour la prescription *acquisitive;* ils ne le sont pas dans la prescription *libératoire.* Ainsi, dans le premier cas, il suffit que le dernier jour soit *commencé,* pour que la prescription soit acquise; dans le second, la prescription n'est acquise qu'autant que le dernier jour est *complet.*

Le Code a rejeté cette distinction; sa règle est uniforme : le dernier jour, le *dies ad quem,* qui n'est que *commencé,* ne compte jamais. « La prescrip-

(1) M. Dur., t. XXI, nº 336.

tion, est-il dit dans l'article 2261, est acquise, lorsque le dernier jour du terme est *accompli*. »

Mais que décider quant au jour qui sert de point de départ à la prescription (le *dies à quo*)? Faut-il le compter ou le rejeter en entier? Le Code est muet sur cette question.

M. Merlin le compte en entier. M. Duranton distingue : il le compte ou le rejette en entier, suivant qu'il s'agit d'une prescription *acquisitive* ou d'une prescription *libératoire*. Dans le premier cas, le *possesseur*, n'eût-il commencé à prescrire que dans les dernières heures du premier jour, a réellement possédé pendant ce jour ; ce jour doit donc lui être compté en entier, puisque la prescription se compte non par heures, mais par jours (1). Dans le second cas, le jour de l'échéance de la dette appartenant tout entier au débiteur (2), le créancier ne peut pas le poursuivre pendant ce jour; ce n'est donc que le lendemain que la prescription commence à courir contre lui (3).

Dans un autre système, le *dies à quo* ne doit jamais compter ; et, en effet, notre ancien droit, après de bien vives controverses, finit par le négliger. Quelques-unes de nos coutumes s'en expliquent formellement ; d'autres ajoutent *un jour* au temps exigé pour la prescription, ce qui évidemment revient à dire que le *dies à quo* ne doit pas compter ; or, il n'est pas probable que le Code ait abandonné cette jurisprudence ; rien ne nous autorise à le croire. La disposition de l'article 2260 la confirme, au contraire ; car dire que la prescription se compte par jours et non par heures, c'est dire implicitement qu'il n'y a que les jours *complets* qui comptent. On arrive d'ailleurs, lorsqu'on tient compte du *dies à quo*, à des conséquences inadmissibles. Je vous ai acheté aujourd'hui, *à midi*, votre maison ; je vous l'ai achetée purement et simplement : la prescription libératoire de l'obligation dont je suis tenu envers vous aura couru non-seulement *depuis*, mais encore *avant* l'heure de minuit, c'est-à-dire à une époque où la dette n'était pas encore née ! Se peut-il donc qu'une dette soit prescriptible avant même qu'elle existe?—J'acquiers la possession d'un immeuble à midi : la prescription a couru dès la première heure du jour, c'est-à-dire à une époque où je ne possédais pas encore ! Y a-t-il donc des prescriptions *acquisitives sans possession* (1)?

En résumé, le temps requis pour la prescription est un délai franc : on ne compte ni le jour qui lui sert de point de départ, ni le jour de l'échéance.

Vous avez acquis, le 1er janvier 1820, à midi, la possession d'un immeu-

Le jour qui sert de point de départ à la prescription, le dies à quo, qui n'est pas complet, compte-t-il?

Vous avez acquis,

---

(1) Mais ne peut-on pas dire, avec autant de raison : ce jour doit être rejeté en entier, puisque la prescription ne se calcule point par heures? M. Duranton résout, ce me semble, la question par la question.

(2) Cela est vrai d'une dette à terme qui vient à échoir. Mais si nous supposons une dette pure et simple ou une dette conditionnelle qui vient de naître par la réalisation de la condition, le payement peut en être réclamé le jour même qu'elle est née; dans ce cas, quel serait le système de M. Duranton? Il ne e dit point.

(3) M. Dur., t. XXI, n° 328.

(4) M. Val.

le 1er janvier 1830, à midi, la possession d'un immeuble; après trente années complètes, la prescription sera acquise : mais quand les trente années seront-elles complètes, achevées?

ble : après trente années complètes, la prescription sera acquise. Mais quand ces trente années seront-elles complètes, achevées? Le 1er janvier 1830 ne compte point, puisqu'il n'est pas complet. Il en sera de même du 1er janvier 1860; car tant qu'il ne sera pas achevé, nous n'aurons qu'une fraction de jour, et les fractions de jour ne comptent pas. Ainsi, le premier jour utile pour la prescription, c'est le 2 janvier 1830; et, pour compléter les trente années, il faudra non-seulement le 31 décembre 1860, mais encore le 1er janvier 1861, *intégralement*. La revendication, faite pendant ce jour, sera, par conséquent, utilement faite et par suite interruptive de la prescription (1).

Comment se calcule le temps des prescriptions qui s'accomplissent par moins d'un an ?

— Dans les prescriptions *par mois*, le temps se calcule d'après le calendrier grégorien : les mois se comptent date par date, du 1er au 1er, du 15 au 15, sans avoir égard à l'inégalité des jours dont ils se composent. Ainsi, une prescription de six mois, commencée le 1er janvier, est acquise à la fin du 1er juillet suivant (Arg. tiré de l'art. 132 C. de com.).

Les jours de fêtes légales comptent-ils ?

—Les jours de fêtes légales comptent comme les autres; et il en est ainsi, alors même que le jour férié se trouve être le dernier de la prescription. Celui qui la subit est coupable d'avoir attendu le dernier jour pour poursuivre son droit : que n'a-t-il agi la veille? Il pouvait, d'ailleurs, obtenir du juge la permission de faire, même pendant le jour férié, les actes nécessaires à la conservation de son droit (V. les art. 68 et 1037 C. proc.).

SECTION II. — DE LA PRESCRIPTION TRENTENAIRE.

Art. 2262.
Par quel laps de temps se prescrivent les actions réelles ou personnelles ?
Toutes les actions sont-elles prescriptibles par trente ans ?

«Toutes les actions, tant réelles que personnelles, sont prescrites par trente ans, sans que celui qui allègue cette prescription soit obligé de rapporter *un titre*, ou qu'on puisse lui opposer l'exception tirée *de la mauvaise foi.* »

« Toutes les actions... sauf pourtant celles que la loi déclare *imprescriptibles*, telles que l'action en réclamation d'état (art. 338), l'action en partage, tant que dure l'indivision (V. dans le 2e examen, p. 129, l'explic. de l'art. 816), les actions en garantie et toutes celles qui ont pour objet des créances à terme ou conditionnelles (art. 2257).

« Tant réelles que personnelles... ajoutez ou mixtes. »

« Sont prescrites par trente ans... » Ajoutez : « Et sous les autres conditions déterminées par la loi (art. 2219). » Ainsi, les actions réelles en revendication de la propriété ne s'éteignent point comme les actions personnelles.

Quelle différence y a-t-il entre la prescription des actions *réelles* et celle des actions *personnelles?*

Quant aux actions *réelles*, la prescription se compose de deux éléments : du *laps de temps* et de la *possession* de la chose par un tiers. Je ne perds point, en effet, mon droit de propriété, et l'action en revendication qui y est attachée, par cela seul que je ne l'exerce pas pendant trente ans; le laps de temps ne suffit point. Je ne puis le perdre qu'autant qu'un autre l'acquiert; or, pour l'acquérir par la prescription, il faut, aux termes de l'article 2229, et sous les conditions qu'il détermine, *le posséder pendant un certain temps* (V. p. 7).

Quant aux actions *personnelles*, elles s'éteignent par cela seul que celui

____

(1) M. Bug. sur Poth., t. IX, p. 355.

auquel elles appartiennent reste dans l'inertie pendant le temps requis par la loi (V. p. 7).

« Sont prescrites *par trente ans...* » c'est le droit commun : il s'applique toutes les fois que la loi n'a pas établi, par une disposition particulière, un temps plus court.

Il y a des prescriptions plus courtes (V. les art. 2265 et 2270 à 2280); il n'y en a pas de plus longues.

« Sans que celui qui allègue cette prescription soit obligé d'en rapporter un titre ou qu'on puisse lui opposer l'exception tirée de la mauvaise foi... » Celui qui invoque une prescription *trentenaire* acquisitive doit prouver : 1° qu'il a *possédé* la chose dont il affirme être propriétaire ; 2° qu'il l'a possédée *pendant trente ans*. Cette double preuve faite, la prescription est accomplie. Il n'a pas à faire connaître le titre, c'est-à-dire la cause de sa possession : je possède parce que je possède, peut-il dire, *possideo quia possideo*. Et peu importe qu'il ait possédé de mauvaise foi! Ceux qui négligent leurs biens et les laissent pendant un aussi long temps posséder par d'autres méritent de les perdre. La loi, dit Dunod, passe sur l'indignité de la personne qui possède de mauvaise foi, en faveur de la tranquillité publique que procure cette prescription.

Ainsi, celui qui revendique et auquel on oppose une prescription trentenaire n'a aucun intérêt à prouver la mauvaise foi du possesseur; il n'en peut triompher qu'à la condition d'établir soit l'absence de l'une des qualités que la possession doit avoir pour fonder la prescription (art. 2229), soit l'existence d'une cause d'interruption ou de suspension.

— Aux termes de l'article 2263, « le débiteur d'une rente peut être contraint, après vingt-huit ans de la date du dernier titre, de fournir à ses frais un titre nouveau à son créancier. »

On doit considérer deux choses dans une rente, 1° la rente elle-même, c'est-à-dire le droit d'exiger annuellement les arrérages ; 2° les produits de la rente, c'est-à-dire les arrérages considérés individuellement, les arrérages échus.

Les arrérages considérés individuellement se prescrivent par *cinq ans*, à compter de leur échéance (V. l'art. 2277).

Quant à la rente elle-même, elle ne se prescrit que par trente ans (art. 2262).

Le créancier qui reste dans l'inaction pendant trente ans perd tout à la fois tous les arrérages qu'il ne s'est point fait payer et le droit d'en exiger pour l'avenir. Que si, au contraire, il perçoit régulièrement les arrérages, chaque payement que lui fait le débiteur interrompt la prescription ; car payer des arrérages, c'est reconnaître l'existence de la rente, et la reconnaissance du droit sujet à la prescription en interrompt le cours (art. 2248).

Cela posé, examinons l'espèce prévue par notre article. Créancier d'une rente, vous en avez, pendant vingt-huit ans, reçu régulièrement les arrérages; vous avez exercé votre droit, vous l'avez fait valoir ; la prescription n'a donc pas couru contre vous. Mais, supposons que les choses continuent ainsi pendant deux ans encore: qu'arrivera-t-il? Le débiteur de la rente pourra venir vous dire : « Vous êtes resté dans l'inaction pendant trente ans ; la rente est prescrite! » Sa prétention sera bien injuste, sans doute ; mais comment en triompher? Il vous faudrait prouver les payements d'arrérages que vous

avez reçus ; mais les quittances qui en font foi, ce n'est 'point vous qu'
les avez ; elles sont en la possession du débiteur, qui se gardera bien de les
montrer. Vous serez donc victime de sa fraude !

C'est afin de parer à ce danger que la loi vous permet d'exiger, après vingt-
huit ans de la date du dernier titre, que votre débiteur vous en fournisse, à
ses frais, un nouveau, qui est la seconde édition du premier. — En recou-
rant, tous les vingt-huit ans , à cette mesure, votre droit se trouve pleinement sauvegardé.

Quid, si le débiteur e refuse ?

Si le débiteur vous refuse le nouveau titre que vous réclamez , vous pouvez, pendant les deux ans qui restent à courir avant l'entier accomplissement de la prescription, l'assigner en reconnaissance de votre droit : le jugement que vous obtiendrez vous servira de titre nouveau.

Quel est le point de départ des trente ans par lesquels la rente se prescrit ?

—Remarquons que les trente ans par lesquels la rente se prescrit se comptent à partir *de la date du titre.* Cela résulte très-clairement de la discussion qui s'engagea sur notre article au Conseil d'Etat; on y voit , en effet,
partout cette idée, que les trente ans de la prescription ont le même point de
départ que les vingt-huit ans après lesquels le créancier a le droit d'exiger
un nouveau titre.

Cette doctrine de la loi est - elle bien rationnelle ?

Cette doctrine est fort peu logique ; la prescription , en effet, ne court
point contre le créancier tant qu'il ne peut pas exercer de poursuites ; or ,
quand le créancier de la rente peut-il exercer des poursuites contre le débiteur ? Est-ce à la date du titre ? Non évidemment ! car il n'a que le
droit d'exiger des arrérages, et à la date du titre le premier terme n'est pas
encore échu. — Si on n'eût consulté que les principes, on eût fait courir les
trente ans, non pas à la date du titre, mais après l'échéance du premier
terme stipulé pour le payement des arrérages.

Notre article 2263 s'applique - t - il aux rentes *viagères* ?

—Notre article s'applique aux rentes *viagères* comme aux rentes *perpétuelles* ; il ne distingue pas. Il y a d'ailleurs la même raison de décider, car la rente
viagère, comme la rente perpétuelle , est un droit capital qui produit des
fruits civils appelés arrérages (arg. tiré de l'art. 588). Ainsi, les arrérages
échus se prescriront par cinq ans à compter de leur échéance (art. 2277), et
la rente elle-même, c'est-à-dire le droit d'exiger des arrérages chaque année, par trente ans d'inaction, à compter de la date du dernier titre.

Art. 2264.

Comment faut - il entendre le principe que les règles de la prescription sur d'autres objets que ceux mentionnés dans le présent titre, sont expliquées dans les titres qui leur sont propres?

—« Les règles de la prescription, sur d'autres objets que ceux mentionnés
dans le présent titre, sont expliquées dans les titres qui leur sont propres. »
Cette disposition doit être bien comprise. Elle ne signifie point que les règles
générales tracées au titre de la prescription ne seront point applicables aux
prescriptions particulières dont il a été ou dont il sera traité ailleurs ; car,
alors, il faudrait aller jusqu'à dire, ce qui assurément serait absurde, que la
théorie de l'interruption et de la suspension reste complétement étrangère
à ces prescriptions spéciales ; il faut l'entendre en ce sens, que les règles générales de notre titre n'abrogent pas les règles qui sont propres à certaines
prescriptions, en sorte que ces prescriptions spéciales sont soumises, d'une
part, au droit commun des prescriptions, et d'autre part, au droit exceptionnel qui a été créé pour elles. C'est ainsi, par exemple, que la prescription
de l'action en révocation d'une donation pour cause de survenance d'enfant
sera interrompue non-seulement par les causes générales d'interruption,

mais encore, par cette cause spéciale dont il est parlé dans l'art. 966, la survenance d'un second enfant (V. dans le 2ᵉ examen, p. 666, une application de ce système).

SECTION III. — DE LA PRESCRIPTION PAR DIX OU VINGT ANS.

La loi n'a pas dû mettre sur la même ligne tous les possesseurs. On conçoit, en effet, que celui qui acquiert sciemment la possession de la chose d'autrui, ou dont la bonne foi ne repose que sur une grossière erreur, mérite moins de faveur que celui qui, en acquérant la possession, a eu de justes et légitimes raisons de croire à l'acquisition de la propriété elle-même. Le premier est coupable ou au moins très-imprudent ; le second est, au contraire, irréprochable ; il a dû, d'ailleurs, se livrer, avec une confiance que ne peut avoir le possesseur de mauvaise foi, à toutes les entreprises des propriétaires ; il a dû bâtir, planter, s'engager dans des frais de défrichements ou de desséchements ; l'équité, d'accord avec l'intérêt de la propriété, demande donc que ses droits restent moins longtemps incertains. De là l'article 2265 : « Celui qui acquiert de *bonne foi* et par *juste titre un immeuble* en prescrit la propriété par dix ans, si le véritable propriétaire habite dans le ressort de la Cour d'appel dans l'étendue duquel l'immeuble est situé, et par vingt ans s'il est domicilié hors dudit ressort. »

I. Observation. — Les mots « qui acquiert... un immeuble... » ne sont pas exacts ; toute prescription est, en effet, impossible et superflue là où il y a *acquisition* effectuée par l'effet même du titre en vertu duquel on possède. On ne prescrit que les choses d'autrui ! Remplaçons donc la formule de la loi par celle-ci : celui qui acquiert... la possession d'un immeuble, ou plus simplement celui qui reçoit un immeuble...

II. *Des conditions spéciales auxquelles est soumise la prescription de dix ou vingt ans.* — Elle en suppose deux : 1° la bonne foi ; 2° le juste titre.

1° *De la bonne foi.* — Dans un sens absolu, la bonne foi consiste dans la croyance plus ou moins fondée d'avoir acquis légitimement la propriété de la chose possédée. Peu importe d'où procède mon erreur ; dès là que j'ai la conviction que la chose qu'on m'a livrée m'appartient, je la possède de bonne foi. Mais nous verrons tout à l'heure qu'il ne suffit pas, pour fonder la prescription de dix ou vingt ans, d'une croyance quelconque : nous aurons alors à étudier les caractères qu'elle doit avoir pour mériter au possesseur la faveur de la loi.

— Selon le droit romain, le possesseur peut prescrire par cela seul qu'il a été de bonne foi au premier moment de la possession ; la prescription commencée suit son cours, alors même qu'il découvre ensuite que la chose qu'il possède ne lui appartient pas : *mala fides superveniens non impedit usucapionem.*

Dans notre ancien droit français, au contraire, il ne suffit pas que le possesseur soit de bonne foi au moment où il acquiert la possession ; il faut, de plus, que la bonne foi se soutienne pendant tout le temps requis pour la prescription : *qui præscribit debet in nulla temporis parte habere rei conscientiam alienæ.*

Notre Code a reproduit la théorie romaine : « La bonne foi suffit au moment de l'acquisition. »

Celui qui invoque une prescription de dix ou vingt ans doit-il prouver sa bonne foi ?

— La bonne foi est toujours présumée ; lors donc qu'une prescription de dix ou vingt ans est invoquée, c'est à celui qui la repousse d'établir que le possesseur a su, *au moment même de l'acquisition*, que son auteur n'était pas propriétaire de la chose qui lui a été livrée. Cette preuve, au reste, peut être faite par toute espèce de moyens, par titres, par témoins, et même par de simples présomptions (V. les art. 1318 et 1353 combinés).

Il faut, pour prescrire par dix ou vingt ans, posséder en vertu d'un juste titre : quels sont les différents sens du mot titre ?

2° *Du juste titre.*—Le mot *titre* a, en droit, plusieurs sens. Tantôt c'est un certain fait destiné à produire des effets civils et par exemple un contrat de vente, en d'autres termes, la *cause* d'un droit véritable ou apparent. Tantôt c'est l'écrit (*titulus*) qui a été dressé pour constater le fait lui-même, qui est destiné à le prouver (V. le 2e examen, p. 680 et 681). La loi l'emploie ici dans le premier sens ; le *titre* c'est la *cause* de la possession, c'est-à-dire le fait juridique à la suite et en exécution duquel la chose a été livrée au possesseur.

En quel sens est-il ici employé ? Quand est-il juste ? Qu'est-ce en un mot qu'un juste titre ?

Le *titre* (la cause de la possession) est *juste*, lorsqu'il est de telle nature qu'il peut *légitimement* faire croire à l'acquisition de la propriété.

Il explique et justifie cette croyance, il la légitime, « lorsqu'il est de sa nature *translatif du droit de propriété* et valable (1). »

Je le définis donc : le fait juridique en vertu duquel la possession a été acquise et qui réunirait, s'il émanait du véritable propriétaire, toutes les conditions prescrites par la loi pour transférer la propriété.

Ainsi, sont de justes titres, les donations et les legs, lorsqu'ils sont régulièrement faits, les contrats de vente ou de change, les *datio in solutum*...

N'en sont point, au contraire :

1° Les contrats à ferme ou à loyer, de prêt à usage, de dépôt, d'antichrèse...

Un titre nul pour défaut de formes peut-il servir de fondement à la prescription de dix ou vingt ans ?

2° Les titres *nuls* pour défaut de formes.—Certains modes d'aliénation, tels que les donations et les legs, sont solennels, c'est-à-dire soumis, quant à leur perfection, à des formes, en l'absence desquelles ils n'ont aucune force translative de propriété ; d'où la règle qu'ils ne peuvent point servir de juste titre, lorsqu'ils ne sont pas réguliers.

Quid, des titres prohibés par la loi ?

3° Les titres prohibés par la loi, tels que les donations faites par un mort civilement (art. 25), les substitutions défendues (art. 896) (2).

Pourquoi prescrit-on par dix ou vingt ans, lorsqu'on possède en vertu d'un juste titre ?

On voit l'esprit de la loi ! La bonne foi du possesseur ne permet point qu'on le soumette aux rigueurs du droit commun ; la durée ordinaire de la prescription sera donc diminuée, quant à lui. Toutefois, il importe de ne pas encourager l'imprévoyance, en accordant une prime aux erreurs trop faciles ; en conséquence, la loi ne tient compte de la bonne foi du possesseur, qu'autant que l'erreur dans laquelle il a été induit est excusable et légitime, telle, en un mot, que l'homme le plus attentif l'eût également subie. Or, l'erreur qui repose sur un juste titre a précisément ce caractère ; car celui qui reçoit une chose en vertu d'un titre valable et qui de sa nature est

Ceux qui n'ont point de juste titre peuvent-ils prescrire ?

(1) M. Bigot-Préameneu, dans son discours au Corps législatif.

(2) Ceux qui détiennent en vertu de l'un des titres énumérés dans le 1° ne prescrivent par aucun laps de temps : ce sont des détenteurs précaires. Quant aux titres nuls ou prohibés, ils n'empêchent que la prescription de dix ou vingt ans.

translatif de propriété, par exemple, en vertu d'une vente ou d'une donation, doit naturellement croire à l'acquisition de la propriété, s'il a d'ailleurs la conviction que son vendeur est propriétaire; sa croyance est légitime; la cause qui l'a déterminée l'explique et la justifie; il s'est, il est vrai, trompé sur un point; il a considéré comme propriétaire celui qui ne l'était pas, mais son erreur à cet égard est bien excusable.

Il n'en est pas de même, on le conçoit, de celui qui détient une chose en vertu d'un titre que la loi ne reconnaît point comme mode d'acquisition, par exemple en vertu d'un contrat de location ou de prêt à usage : le locataire, le fermier ou l'emprunteur, ne peut se croire propriétaire que par un grossier oubli des principes les plus élémentaires du droit ; une aussi lourde erreur n'est pas digne de la protection de la loi. — Elle est également impardonnable, lorsqu'elle repose sur un titre *nul*, c'est-à-dire sur un mode solennel d'acquisition qui n'est pas revêtu des solennités prescrites pour sa validité; celui qui, par exemple, reçoit un immeuble en vertu d'une donation faite par acte sous seing privé ne se croira pas propriétaire, pour peu qu'il soit attentif. Ce n'est que par une extrême légèreté qu'il peut se tromper ; son erreur n'est pas excusable; la loi n'en tient aucun compte. — Il en faut dire autant de celui qui possède en vertu d'un titre prohibé par la loi et, par exemple, en vertu d'une donation faite par un mort civilement ou d'une substitution défendue. Rien, en effet, ne lui était plus facile que de savoir que les morts civilement sont incapables d'aliéner à titre gratuit (art. 25), que les substitutions prohibées sont nulles et de nul effet (art. 896). S'il s'est cru propriétaire, ce ne peut être qu'à force d'imprévoyance; son erreur n'est point légitime.

Mais que décider à l'égard de celui qui *croit* faussement posséder en vertu d'un juste titre? Prescrira-t-il par dix ou vingt ans? En d'autres termes, le juste titre *putatif* équivaut-il au titre *réel*? La loi romaine distingue : l'opinion d'un juste titre ne suffit pas, lorsque rien ne l'explique ni ne la justifie ; elle équivaut, au contraire, au titre, lorsqu'elle repose sur un juste fondement! Ainsi, par exemple, l'opinion de celui qui croit avoir acheté, quoiqu'il n'en ait rien fait, est sans juste fondement; il n'a pas pu, sans une extrême légèreté, se tromper sur son propre fait; sa croyance est frivole ; la loi n'en tient pas compte. Il en est autrement lorsque l'opinion du possesseur a été déterminée par des circonstances graves qui ont rendu si plausible l'existence du titre, que l'erreur dans laquelle il est tombé à cet égard, est absolument irréprochable. J'ai donné à quelqu'un mandat de m'acheter la maison A ; mon mandataire n'achète pas; il fabrique un faux acte de vente, me fait croire qu'il a acheté et me livre la maison : le mandat que je lui ai donné d'acheter, joint au faux acte de vente qu'il m'a présenté, est un juste fondement de croire qu'un contrat de vente est intervenu à mon profit, et qu'en conséquence la maison qui m'a été livrée m'appartient réellement. Cette opinion, bien qu'erronée, est légitime et raisonnable; elle équivaut à un juste titre.

C'est par le même motif qu'on décide que celui-là peut prescrire qui possède en vertu d'un legs régulier, mais révoqué par un codicille dont il ignore l'existence.

Le juste titre *putatif* équivaut-il au titre *réel?*

Pothier suivait la même doctrine dans notre ancien droit.

Lemaître la rejetait, au contraire. Suivant lui, l'opinion erronée d'un titre, quelque fondement qu'elle ait, ne peut point équipoller au titre que la coutume exige expressément : « On ne doit, dit-il, rien suppléer, lorsqu'il s'agit de faire acquérir à quelqu'un le bien d'autrui ! »

Lequel de ces deux systèmes faut-il suivre aujourd'hui ? Il faut, je crois, s'en tenir à l'opinion de Lemaître. Dans le système de Pothier (1), le juste titre est toute circonstance, tout fait, qui peut inspirer à un homme attentif et instruit la croyance légitime qu'un transport de propriété a eu lieu à son profit ; or, que dit M. Bigot-Préameneu dans son discours au Corps législatif ? « Que nul ne peut croire de bonne foi qu'il possède comme propriétaire, s'il n'a pas *un juste titre qui soit de sa nature translatif de propriété et qui soit d'ailleurs valable.* » N'est-ce point dire que la bonne foi qui s'appuie sur des circonstances autres qu'un titre translatif de propriété ne suffit pas ! La loi est peut-être sévère, mais elle me semble formelle.

Art. 2266.
Quand prescrit-on par dix ans ?
Quand par vingt ans ?
Quelle différence y a-t-il à cet égard entre le droit romain et le droit français ?

II. *Du temps exigé pour la prescription de dix ou vingt ans.* — Cette prescription s'accomplit, de même que l'usucapion romaine, par une possession continuée pendant dix ans entre *présents*, pendant vingt ans entre *absents*. Mais que faut-il entendre par *présents* et *absents?* A quelle circonstance faut-il s'attacher, pour savoir s'il y a *présence* ou *absence?*

Selon le droit romain on considère, d'une part, le *domicile* du *propriétaire*, et, d'autre part, le *domicile* du *possesseur*; peu importe la *situation* de *l'immeuble* possédé ; on ne s'en occupe point. Le propriétaire et le possesseur habitent-ils la même province, ils sont réputés présents : le temps de l'usucapion est de dix ans. Habitent-ils dans des provinces différentes, ils sont réputés *absents* : le temps de la prescription est de vingt ans.

Le Code suit une règle différente. On considère, d'une part, le *domicile* du *propriétaire*, d'autre part, la *situation* de *l'immeuble* possédé ; peu importe le *domicile* du *possesseur;* on ne s'en occupe point. Le propriétaire habite-t-il dans le ressort de la Cour d'appel dans l'étendue duquel l'immeuble est situé, il est réputé *présent* : la prescription s'accomplit par dix ans. Est-il, au contraire, domicilié hors dudit ressort, il est réputé *absent* : la prescription est de vingt ans (2).

Quid, si le propriétaire a eu son domi-

La loi prévoit et règle le cas où le propriétaire a eu son domicile en diffé-

Le système suivi par notre Code n'amène-t-il pas un résultat bizarre ?

---

(1) *Traité de la prescription,* n° 96.

(2) Ce système amène un résultat bizarre : il arrive souvent, en effet, que l'habitation du propriétaire et l'immeuble, quoique très-rapprochés, soient cependant situés dans deux ressorts différents, et, à l'inverse, qu'ils soient, bien que séparés par une très-grande distance, situés dans le même ressort ; de sorte que la prescription pourra s'accomplir par vingt ans, à l'égard d'un propriétaire qui peut-être peut voir de sa fenêtre l'immeuble qui lui appartient, tandis qu'elle sera de dix ans à l'égard d'un propriétaire domicilié peut-être à quarante lieues de son immeuble ! La coutume de Sedan était plus logique; elle ne s'attachait qu'à la distance existant entre le domicile du propriétaire et la situation de l'immeuble. « Sont réputés *présents,* disait-elle, ceux qui sont demeurants dedans dix lieues à l'environ de la situation de l'immeuble; ceux qui sont demeurants plus loin que dix lieues sont réputés *absents.*

rents temps dans le ressort et hors du ressort ; il faut alors, pour compléter la prescription, ajouter aux *années de présence* (1) un nombre *d'années d'absence* double de celui qui manque pour compléter les dix ans de présence. Si donc, après avoir habité pendant quatre ans dans le ressort de la Cour d'appel de la situation de l'immeuble, le propriétaire transporte ailleurs son domicile, il faudra doubler le temps des six ans qui restaient à courir pour la prescription de dix ans, de manière qu'outre les quatre ans qui ont déjà couru, il en faudra encore douze pour accomplir le temps de la prescription.

La prescription par dix ou vingt ans serait donc mieux nommée prescription de dix à vingt ans ; on voit, en effet, d'après ce qui vient d'être dit, qu'elle peut s'accomplir tantôt par dix, tantôt par onze, douze, treize, etc., années ; elle peut varier, en un mot, de onze manières différentes, depuis dix jusqu'à vingt ans.

—Doit-on, pour juger s'il y a ou non *absence* du propriétaire, s'attacher au lieu où il *habite*, ou bien au lieu de son *domicile?* Le texte de la loi laisse la question indécise, car on y trouve employés cumulativement le mot *habite* et le mot *domicile*. Les auteurs sont divisés sur ce point. Les uns s'attachent uniquement à l'*habitation* (la résidence) ; les autres au *domicile* proprement dit. Pothier, qui a prévu cette difficulté, en donne la solution : « Bien, dit-il, que nous nous servions du mot *domicile*, nous n'entendons parler que du domicile *de fait*, c'est-à-dire de la *résidence* (2). » Or, rien, ni dans le texte, ni dans les travaux préparatoires du Code, ne nous autorise à penser que l'opinion de Pothier a été abandonnée ; c'est donc à elle qu'il faut, je crois, se tenir. Cette solution est d'ailleurs conforme à l'esprit de la loi ; la prescription doit être plus ou moins courte, suivant que le propriétaire a plus ou moins de facilité pour découvrir l'envahissement de sa chose ; or, la *résidence* dans le ressort le met à même de faire cette découverte bien mieux que le *domicile*, puisqu'on peut être domicilié là où on n'habite pas, dans un lieu qu'on ne connaît même pas. On objecte qu'en s'attachant à la *résidence*, on crée des difficultés de calcul qu'on évite, lorsqu'on ne considère que le *domicile* ; le domicile, en effet, a une durée, une fixité que n'a pas l'habitation qui s'acquiert et se perd par de simples déplacements. Je réponds, d'une part, que le domicile a aussi ses inconvénients, car il est souvent fort difficile de déterminer avec précision le lieu où il est fixé ; d'autre part, que des déplacements passagers, de simples allées et venues ne suffisent point pour faire perdre la résidence.

III. *Quels droits ou quels biens sont susceptibles d'être acquis par la prescription de dix ou vingt ans.*— On peut acquérir de cette manière :

1° *La pleine propriété des immeubles* DÉTERMINÉS (art. 2265, arg. tiré des mots « d'un immeuble ») : la prescription par dix ou vingt ans ne s'applique donc ni aux universalités de biens mobiliers ou immobiliers, ni même aux

---

(1) La loi dit : « à ce qui manque aux *dix ans de présence*... » Cette formule est évidemment inexacte. Soit six ans d'habitation dans le ressort : c'est à ces six ans et non pas aux quatre ans qui manquent pour compléter les dix ans qu'il faut faire l'addition dont parle le Code.

(2) M. Bug. sur Poth., t. IX, p. 356

Peut-on acquérir par elle une universalité de biens, c'est-à-dire une succession ouverte ?
Les meubles individuels ?
L'usufruit des immeubles ?
Les servitudes réelles continues et apparentes ?

meubles individuellement déterminés. Un héritier apparent vous vend la succession à laquelle il se croit appelé : quoique vous la possédiez en vertu d'un juste titre et de bonne foi, vous ne l'acquerrez que par une possession de trente ans. Quant aux meubles individuels, ils sont soumis à une prescription toute spéciale (V. les art. 2279 et 2280).

2° *L'usufruit des immeubles, ainsi que les droits d'usage ou d'habitation.* J'achète d'une personne, qui n'est pas, mais que je crois propriétaire, un droit d'usufruit sur un immeuble ; je le possède comme usufruitier pendant dix ou vingt ans : l'usufruit m'est-il acquis ? sans aucun doute ! Que dit, en effet, l'article 2265 ? Que celui qui acquiert de bonne foi et en vertu d'un juste titre *un immeuble* en prescrit la propriété par dix ou vingt ans ; or, l'usufruit n'est-il pas un immeuble ? L'art. 526 le dit expressément ! L'art. 2118 le dit implicitement, en le déclarant susceptible d'hypothèque, car les immeubles sont seuls susceptibles d'être hypothéqués. Et d'ailleurs, ne serait-il pas bien bizarre que la prescription qui dépouille le propriétaire de son droit de *pleine propriété* n'eût pas l'effet de le dépouiller d'un droit bien moins important !

3° *Les servitudes réelles, pourvu qu'elles soient continues et apparentes.* Quelqu'un me vend, sur un immeuble qui ne lui appartient pas, une servitude continue et apparente ; je la possède de bonne foi pendant dix ou vingt ans : la prescription a-t-elle lieu à mon profit ? Pourquoi non ! Les servitudes réelles, de même que les servitudes personnelles, ne sont-elles pas rangées parmi les *immeubles* (art. 526) ? et la loi ne dit-elle point que les *immeubles* s'acquièrent par une possession de dix ou vingt ans avec juste titre et bonne foi ?

On fait contre ce système plusieurs objections : 1° la prescription de l'article 2265 s'accomplit par dix ou vingt, suivant que le propriétaire habite ou n'habite point dans le ressort de la Cour où se trouve situé l'immeuble ; or, les servitudes étant des choses *incorporelles*, n'ont pas de *situation* ; donc l'article 2265 ne les régit pas.

Je réponds : mais le droit de propriété lui-même n'est pas un immeuble ; c'est aussi un droit sur un immeuble, et cependant on l'acquiert par dix ou vingt ans ; pourquoi n'en serait-il pas de même des servitudes ? De même que la pleine propriété, elles sont situées là où se trouve l'immeuble sur lequel elles portent !

2° Aux termes de l'article 690, les servitudes continues et apparentes s'acquièrent par une possession de *trente ans*; donc la prescription de dix ou vingt ans est exclue.

Cette conséquence n'est pas juste ; la loi ne dit pas, en effet, que les servitudes continues et apparentes ne s'acquièrent que par une possession de trente ans ; elle se borne à émettre un principe, savoir : que la prescription de trente ans leur est applicable. On pourrait sans doute, par un argument *à contrario*, arriver à la conséquence que je repousse, si la loi n'avait pas eu un motif particulier de parler de la prescription de trente ans, tandis qu'elle passait sous silence la prescription de dix et vingt ans ; mais ce motif existe. Suivant les Coutumes de Paris et d'Orléans, où l'on suivait la maxime *pas de servitude sans titre*, les servitudes qui pouvaient être constituées par une possession de dix ou vingt ans, *avec juste titre et bonne foi*, ne pouvaient point l'être en l'absence d'un titre ou, quand il existait, en l'absence de la bonne foi, par une possession de trente ans. Le Code, dans l'intérêt de la tranquillité publique, afin que les droits ne restent pas indéfiniment incertains, admet, au contraire, la prescription de trente ans ; mais, en faisant cette innovation, en autorisant une prescription toujours vue avec défaveur et que l'ancien droit n'admettait pas, il n'a évidemment pas entendu rejeter une prescription beaucoup plus favorable et que nos anciennes coutumes, si sévères en cette matière, autorisaient elles-mêmes. Sa pensée doit être ainsi traduite. Les servitudes continues et apparentes peuvent être acquises par une possession de dix ou vingt ans avec juste titre et bonne foi, et même, sans juste titre ni bonne foi, par une possession de trente ans (1).

3° L'article 2264 porte : « les règles de la prescription sur d'autres objets que ceux mentionnés dans le présent titre sont expliquées dans les titres qui leur sont propres » ; le titre des servitudes règle à trente ans le temps de la prescription par lequel on les acquiert ; donc la prescription de dix ou vingt ans ne leur est pas applicable.

L'article 2264 n'a pas le sens qu'on lui donne ; il signifie simplement qu'en traçant les règles générales de la prescription, le Code n'entend pas abroger les dispositions particulières contenues dans d'autres titres (V. p. 76) ; il faut donc, hors les points où la loi s'est prononcée implicitement ou explicitement, appliquer les règles ordinaires à tous les cas de prescription répandus çà et là dans le Code. ¡Ainsi, tout ce qui résulte de l'article 2264, c'est que l'article 690 reste intact, c'est qu'il conserve le sens qu'il avait avant qu'on eût promulgué le titre de la prescription ; or, quel sens a-t-il ? Je l'ai indiqué plus haut : il introduit une prescription nouvelle, la prescription de trente ans ; mais il n'exclut pas la prescription par dix ou vingt ans avec juste titre et bonne foi ; rien ne s'oppose donc à l'application du principe doctrinal établi dans notre art. 2265 (2).

—On ne peut acquérir ni par la prescription de trente ans ni par celle de dix ou vingt ans :

1° Les servitudes discontinues ou non apparentes (art. 691) ;

2° Les hypothèques, en ce sens qu'on ne constitue pas, qu'on ne *crée* pas une hypothèque, en la possédant pendant un certain temps (V. p. 6 et 7) ;

3° Les créances ou les rentes (V. p. 7).

IV. *Des effets de la prescription de dix ou vingt ans.*— De même que la prescription de trente ans, la prescription de dix ou vingt ans court contre tous ceux qui ont sur la chose possédée un droit réel, de quelque nature qu'il soit, droit de pleine propriété ou d'usufruit, de servitude ou d'hypothèque (3) ; et il n'y a pas, à cet égard, à distinguer entre les droits purs et simples et les droits à terme ou conditionnels ; car le terme et la condition ne suspen-

(1) M. Val.
(2) M. Val.
(3) Il existe cependant un cas où le possesseur ne prescrit que par trente ans, même avec juste titre et bonne foi (V. dans mon deuxième examen, p. 330, l'explic. de l'art. 966).

Les servitudes réelles discontinues ou non apparentes ?

Les hypothèques ?

Les créances et les rentes ?

Quels sont ses effets ?

Le possesseur acquiert-il, par elle, la propriété franche des servitudes et hypothèques qui la grèvent ?

N'existe-t-il point un cas où le possesseur ne prescrit que par trente ans, même avec juste titre et bonne foi ?

dent pas la prescription *acquisitive* (V. p. 71 et 72). Le possesseur acquiert donc par cette prescription tout ce qu'il a possédé et, par conséquent, la propriété franche de toutes les charges réelles qui pesaient sur elle, si c'est la *pleine* propriété qu'il a possédée. J'ai acheté *à non domino* un immeuble qui était grevé d'un droit d'usufruit et d'une servitude réelle ; je l'ai possédé de bonne foi, pendant dix ou vingt ans, sans réclamation de la part ni du propriétaire ni de l'usufruitier, ni enfin de celui à qui appartient la servitude réelle : j'ai prescrit contre tout le monde ; l'immeuble m'appartient *pleinement, absolument* ; aucune des charges auxquelles il était soumis ne pèse plus sur lui.

Mais, dira-t-on, aux termes des articles 617 et 706 les servitudes s'éteignent par le non-usage pendant *trente ans ;* donc leur extinction ne peut pas être acquise par un moindre temps ; donc elle n'est pas sujette à la prescription de *dix ou vingt ans.*

Je réponds que la loi, dans les articles 617 et 706, règle les rapports de ceux auxquels les servitudes sont dues avec ceux qui les ont constituées ou leurs héritiers, tandis que dans l'article 2265 le rapport existe entre le maitre de la servitude et le tiers acquéreur de l'immeuble sur lequel elle porte ; les deux espèces ne sont donc pas les mêmes. Dans le premier cas, c'est-à-dire lorsque l'immeuble grevé est en la possession de celui qui a constitué la servitude ou de son héritier, la prescription est *libératoire ;* elle s'accomplit par l'inaction de l'usufruitier pendant trente ans (art. 617 et 706) ; dans le deuxième cas, c'est-à-dire lorsque l'immeuble grevé est possédé par un tiers, la prescription est *acquisitive ;* elle s'accomplit *par dix et vingt ans* (art. 2265) ; or, le possesseur acquiert par la prescription de dix et vingt ans tout ce qu'il a possédé. Dans l'espèce, nous le supposons, il a possédé l'immeuble comme étant franc de toutes charges réelles ; c'est donc la propriété pleine et entière qui lui est acquise (1).

L'article 2180 confirme pleinement ce système. Lorsqu'un immeuble hypothéqué est entre les mains de celui qui a constitué l'hypothèque ou de son héritier, l'hypothèque ne se prescrit que par le même laps de temps que celui qui est nécessaire pour la prescription de l'obligation, c'est-à-dire, suivant le droit commun, par trente ans, à compter du jour de l'exigibilité de l'obligation. Si cet immeuble passe entre les mains d'un tiers, la règle change : la prescription de l'hypothèque s'accomplit alors, soit par trente ans, soit par dix ou vingt, avec juste titre et bonne foi. Celui qui, de bonne foi, achète *à non domino* un immeuble hypothéqué acquiert donc, par la prescription de dix ou vingt ans, la propriété *franche de l'hypothèque* dont elle était grevée ; pourquoi ne l'acquerrait-il point également franche des servitudes qui pèsent sur elle ?

— Il se peut que la prescription soit acquise à l'égard du nu-propriétaire avant de l'être à l'égard de l'usufruitier, ou réciproquement ; car si l'un d'eux habite dans le ressort de la Cour d'appel dans lequel est situé l'immeuble, tandis que l'autre est domicilié en dehors du ressort, la prescription, qui s'accomplit par dix ans à l'égard du premier, n'est complète, à l'égard du second, que par vingt ans de possession.

(1) M. Bug. sur Poth., t. IX, p. 308 ; M. Val.

Il se peut aussi que le possesseur d'un immeuble hypothéqué acquière la propriété avant l'affranchissement de l'hypothèque, ou réciproquement ; car le temps des deux prescriptions sera différent, si le propriétaire et le créancier hypothécaire habitent, le premier, dans le ressort de la situation de l'immeuble, le second, en dehors du ressort, ou réciproquement.— J'ajoute que la prescription acquisitive de la propriété court *du jour de la possession* ; tandis que la prescription acquisitive de l'affranchissement de l'hypothèque ne commence qu'à compter du jour où le possesseur a fait *transcrire* le titre en vertu duquel il possède (V. l'explic. de l'art. 2180).

Ne se peut-il pas aussi que le possesseur d'un immeuble hypothéqué acquière la propriété avant l'affranchissement de l'hypothèque, ou réciproquement ?

Remarquons, enfin, qu'en ce qui touche les servitudes réelles dont est grevé l'immeuble possédé, la prescription court du jour même de la possession, pour les servitudes discontinues (1) ; tandis qu'elle ne prend date, quant aux servitudes continues, qu'à compter du jour où le possesseur a fait quelque chose de contraire à leur exercice (V. l'explic. de l'art. 707).

De quel jour court-elle quant aux servitudes ou quant aux hypothèques qui pèsent sur l'immeuble possédé ?

En résumé, celui qui a prescrit la propriété par dix ou vingt ans, l'a acquise franche de toutes charges qui pesaient sur elle, pourvu qu'il se soit conformé au prescrit de la loi à l'égard de ceux auxquels elles étaient dues, c'est-à-dire pourvu, quant aux servitudes continues, qu'il ait fait un acte contraire à leur exercice (art. 707) et, quant aux hypothèques, qu'il ait fait transcrire son titre (art. 2180, 4°).

— Nous venons de voir que la prescription *acquisitive* peut, dans certains cas, s'accomplir par dix ans de possession. Il existe dans le Code trois prescriptions *libératoires* de dix ans : la première est écrite dans l'article 475 ; la seconde, dans l'article 1304 ; la troisième, dans l'article 2270 (V. dans mon troisième examen, 2ᵉ éd., p. 255 et 256, l'explic. de l'art. 2270).

N'existe-t-il point, dans le Code, d'autres prescriptions de dix ans que celle que nous venons d'étudier ?

SECTION IV. — DE QUELQUES PRESCRIPTIONS PARTICULIÈRES.

6ᵉ répétition.

Les prescriptions qui font l'objet de cette section s'appelaient autrefois *statutaires*, parce qu'elles étaient établies par un statut local, ou par une ordonnance particulière. Nous les appelons aujourd'hui *courtes prescriptions*. Elles s'accomplissent par un laps de temps qui varie de six mois à cinq ans (V. pour les différences existant entre les longues et les courtes prescriptions, p. 6).

Comment appelait-on autrefois les prescriptions qui s'accomplissent par un temps qui ne dépasse pas cinq ans ?

Comment les appelle-t-on aujourd'hui ?

Quelles différences y a-t-il entre elles et les autres prescriptions ?

§ I. PRESCRIPTION DE SIX MOIS.

Se prescrivent par six mois :

1° « L'action des maîtres et instituteurs des sciences et arts pour les leçons qu'ils donnent au mois. — Les précepteurs qui vivent chez les parents de leurs élèves et dont l'engagement est *au mois* sont soumis à cette prescription ; elle est applicable par *à fortiori* à ceux qui donnent leurs leçons *au cachet*.

Mais que décider quant à ceux qui les donnent à tant par *trimestre*, par *semestre* ou *par an* ? La loi ne prévoit pas cette hypothèse. Quelle prescrip-

Art. 2271.

Quelles actions se prescrivent par six mois ?

Quid, 1° quant aux précepteurs qui vivent chez les parents de leurs élèves, et dont l'engagement est *au mois* ?

2° Quant à ceux qui donnent leurs leçons *au cachet* ?

3° A ceux qui les

___

(1) Je suppose, bien entendu, que celui auquel elles appartiennent ne les exerce pas.

tion faut-il donc leur appliquer? Celle du droit commun, la prescription de trente ans? Elle est rejetée par tous les auteurs.

M. Duranton les soumet à la prescription d'un an. Il raisonne ainsi : l'action des maîtres pour le prix de *l'apprentissage* se prescrit par un an (art. 2272) ; or, l'élève fait un *apprentissage* sous son professeur ou précepteur, tout aussi bien qu'un ouvrier chez son patron ; donc, etc. (1).

Cette analogie est contestée ; on fait remarquer que dans la langue ordinaire, celle que le législateur est toujours supposé parler, l'enseignement des arts libéraux et des sciences n'est pas assimilé à l'enseignement d'un métier ; les deux professions sont trop différentes pour qu'on les confonde sous la même dénomination ; ainsi, personne ne dira jamais qu'un jeune homme qui prend des leçons de musique est en *apprentissage*, qu'un professeur de droit qui donne des leçons particulières est un maître d'*apprentissage*.

Dans un autre système, on les soumet à la prescription de *cinq ans*, conformément à cette règle générale de l'art. 2277 : « Tout ce qui est payable *par année* ou *à des termes périodiques plus courts* se prescrit par cinq ans (1). »

— Enfin si le marché, au lieu d'être fait *à tant par an*, porte un *prix unique* pour plusieurs années, c'est la prescription de trente ans qui est applicable ; car cette hypothèse n'est régie, ni par l'article 2271, ni par l'article 2272, ni enfin par l'article 2277.

2° « L'action des hôteliers et traiteurs, à raison du logement et de la nourriture qu'ils fournissent. » — Il n'y a pas à distinguer s'ils fournissent la nourriture chez eux, ou s'ils la portent au dehors, chez le consommateur, ni, non plus, s'ils logent et fournissent la nourriture au mois ou à l'année : la disposition de la loi est absolue et générale dans ses termes.

3° « Celle des ouvriers et gens de travail pour le payement de leurs journées, fournitures et salaires. » — Par *gens de travail*, il faut entendre non pas tous ceux qui louent leurs services moyennant un salaire, mais seulement ceux qui travaillent à tant par jour (arg. tiré du mot *journée* dont se sert la loi), ou moyennant un salaire fixé autrement qu'à la journée, pourvu qu'il ne soit pas fixé à tant *par an*. Lorsque le salaire est fixé à tant *par an*, on rentre dans l'hypothèse de l'article 2272 et la prescription est d'un an.

Ainsi, les actions des moissonneurs, laboureurs, hommes de peine, des serruriers, menuisiers, maçons et charpentiers, et de tous artisans qui travaillent, soit à tant par jour, soit à tant par mois ou par trimestre, se prescrivent par six mois.

Cette courte prescription s'applique même au contre-maître ou chef d'atelier payé *à la journée* ou *au mois*.

Les entrepreneurs, par exemple, les serruriers, charpentiers, maçons, qui travaillent *à forfait*, n'y sont pas soumis. Leur action n'étant limitée par au-

---

(1) T. XXI, n° 404.

(2) M. Val. — J'admets ce système dans le cas où l'instituteur s'est engagé à donner des leçons *pendant plusieurs années à tant par an*. Mais si le marché ne comprend qu'une seule année, moyennant une somme fixe, j'appliquerais la prescription de trente ans, car cette hypothèse ne rentre ni dans les termes des articles 2271 et 2272, ni dans ceux de l'article 2277, qui suppose une série de créances qu'on ne rencontre pas dans notre espèce.

cun terme spécial dure trente ans. Il en est de même de l'action des archi-
tectes ; ce ne sont pas, en effet, de simples ouvriers ou gens de travail (art.
1793 et 1799 combinés). Ils ne travaillent pas d'ailleurs à la journée ou au
mois (1).

§ II. DE LA PRESCRIPTION D'UN AN.

Se prescrivent par un an :

1° « L'action des médecins, chirurgiens et pharmaciens, pour leurs visites, opérations et médicaments. »

Art. 2272.
Quelles actions se prescrivent par un an ?

2° « Celle des huissiers, pour le salaire des actes qu'ils signifient et des commissions qu'ils exécutent. »

3° « Celle des *marchands* pour les marchandises qu'ils vendent *aux parti-culiers non marchands.* » — Si la fourniture est faite par le marchand à un autre marchand, notre article est-il encore applicable ? Je distingue :

Quelle distinction faut-il faire quant aux marchands ?

Si la chose fournie au commerçant est étrangère à son commerce, si, par exemple, un banquier a reçu des fournitures de son boucher, de son marchand de vin ou de bois, l'action du fournisseur est prescriptible par un an ; car le commerçant qui achète, pour sa consommation, des choses dont il ne fait pas le commerce, les achète et les reçoit comme un *particulier non marchand.*

Quid, si la fourni-ture est faite par un marchand à un autre marchand ?
Ne faut-il pas, dans ce cas, faire une dis-tinction ?

Si, au contraire, un marchand reçoit, pour en faire le commerce, des fournitures d'un autre marchand, nous ne sommes plus dans l'hypothèse prévue par notre article : la prescription est alors de trente ans.

Et remarquons, en outre :

D'une part, que la fourniture faite à un marchand qui la reçoit pour en faire le commerce, d'une personne non marchande, est aussi en dehors de l'hypothèse de notre article, qui suppose une fourniture faite *par un mar-chand* ; ainsi, le propriétaire qui a vendu, soit à un marchand, soit à un non-marchand, les denrées provenant de ses récoltes a trente ans pour en réclamer le prix (2).

Quid, si la fourni-ture est faite à un marchand par un non-marchand ?

D'autre part, que la loi ne prévoit pas non plus le cas où un *commerçant* a vendu et a livré (même à un simple particulier) des choses dont il ne fait pas le commerce, par exemple, le vin de ses vignes ; dans ce cas, en effet, le vendeur n'est pas *marchand* quant à ces objets (3).

Quid, dans le cas où un marchand a vendu et livré des choses dont il ne fait pas le commerce ?

En résumé, pour qu'il y ait lieu à la prescription *d'un an,* il faut que l'opération qui donne naissance à l'action soit *commerciale* chez celui qui a fait la fourniture, et *non commerciale* chez celui qui l'a reçue. Peu importe, au reste, que la fourniture soit en gros ou en détail ; la loi ne dis-tingue pas (4).

En résumé, dans quel cas la prescrip-tion s'accomplit-elle par *un an* à l'égard des marchands ?
Faut-il distinguer entre la fourniture *en gros* et la fourni-ture *en détail* ?

4° « Celle des maîtres de pension, pour le prix de la pension de leurs élèves, et des autres maîtres, pour le prix de l'apprentissage. » — Les four-

Les fournitures faites à l'élève pour livres, papier et au-

---

(1) Si, par aventure, le contraire arrivait, la prescription serait de six mois.
(2) M. Dur., t. XXI, n° 409.
(3) M. Dur., t. XXI, n° 409.
(4) Au point de vue du privilége qu'ont les marchands pour leurs fournitures, cette distinction est nécessaire (V. l'explic. de l'art. 2101).

très menues dépenses se prescrivent-elles comme le prix de la pension ?

Les personnes qui tiennent des pensions sans donner d'instruction, sont-elles soumises à la prescription d'un an ?

Que faut-il entendre par *domestiques* ?

Les secrétaires, commis, intendants, aumôniers, bibliothécaires, sont-ils des domestiques ?

Par quel temps leurs actions sont-elles prescriptibles ?

Quid, quant aux ouvriers qui travaillent à la journée ?

—Sur quels motifs sont fondées les prescriptions de six mois et d'un an ?

nitures faites à l'élève pour livres, papier et autres menues dépenses, sont prescriptibles comme le prix de la pension, dont elles ne sont en quelque sorte qu'un accessoire (1).

Notre article 2272 ne s'applique pas aux personnes qui tiennent des pensions sans donner d'instruction (arg. tiré des mots *maîtres* et *élèves*). Ce sont de véritables *traiteurs* : leur action se prescrit par *six mois*, conformément à l'article 2271.

5° « Celle des domestiques qui se louent *à l'année*, pour le payement de leurs gages ou salaires. »—Les domestiques sont tous ceux qui sont attachés, moyennant salaire, au service d'une personne ou au service intérieur de sa maison, tels que les cuisiniers, portiers, cochers, valets de chambre...

Les secrétaires, commis, intendants, aumôniers, bibliothécaires, n'ont jamais été compris sous la dénomination de domestiques; leurs actions sont, par conséquent, régies par l'article 2277, portant que toutes les sommes *payables par année ou à des termes périodiques plus courts, se prescrivent par cinq ans.*

Quant aux domestiques qui travaillent *à la journée*, ils appartiennent à la classe des *gens de travail*, dont l'action se prescrit *par six mois* (V. p. 86, 3°).

— *Des motifs de la prescription de six mois et d'un an.* — La prescription libératoire ordinaire est fondée sur une double présomption : la loi suppose que le créancier qui est resté dans l'inaction pendant de longues années, a été payé, ou que s'il ne l'a pas été, il a renoncé à sa créance.—La prescription qui fait l'objet des articles 2271 et 2272 est *uniquement* fondée sur une présomption de payement. Les créances auxquelles elle s'applique ne sont pas, du moins en général, constatées par écrit; aussi n'en retire-t-on point quittance quand on les paye. D'un autre côté, ceux auxquels elles appartiennent sont ordinairement fort impatients d'être payés, car le salaire qui leur est dû est ce qui les fait vivre; aussi est-on dans l'habitude de les payer sans retard; de là cette prescription courte de six mois et d'un an.

Ainsi, la présomption de payement qui sert ici de fondement à la prescription est elle-même fondée sur cette double considération : 1° que le débiteur n'a pas dû, en payant, retirer de quittance, puisque la créance qu'il éteignait n'était point constatée par écrit; 2° que les créanciers dont il s'agit étant, à cause de leurs besoins journaliers, très-pressés de recevoir leur salaire, ne seraient pas restés pendant six mois ou un an dans l'inaction, s'ils n'avaient pas été payés.

Ce fondement de notre prescription amène les conséquences suivantes :

Art. 2274, 2e alinéa.

La continuation des fournitures, services et travaux fait-elle obstacle à la prescription des fournitures, services et travaux antérieurs ?

Pourquoi ne lui fait-elle point obstacle ?

I. La continuation des fournitures, livraisons, services et travaux ne fait aucun obstacle à la prescription des fournitures, livraisons, services et travaux antérieurs. La raison en est bien simple : ces prescriptions sont fondées sur une présomption de payement; or, la continuation des fournitures..., loin d'atténuer cette présomption, ne fait que la fortifier et la rendre plus plausible.

Ainsi, chaque fourniture, livraison ou travail engendre une créance distincte, soumise à une prescription qui lui est propre. Autant de fournitures,

____

(1) **M. Dur.**, t. XXI, n° 419.

autant de créances; autant de créances, autant de prescriptions particulières. Mais, bien entendu, chacune de ces prescriptions ne commence à courir qu'à dater du jour de l'échéance du terme expressément ou tacitement stipulé entre les parties (art. 2257). Ainsi, à l'égard :

A partir de quel jour la prescription court-elle à l'égard :

1° Des maîtres et instituteurs, pour les leçons qu'ils donnent au mois, la prescription court de chaque mois, car chaque mois engendre une créance distincte et exigible;

1° Des maîtres et instituteurs pour les leçons qu'ils donnent au mois ?

2° Des hôteliers et traiteurs, elle commence à compter du jour pris pour le payement : le consommateur doit-il payer par mois ou par quinzaine, la prescription ne commence qu'à compter du mois ou de la quinzaine; doit-il payer chaque jour, elle commence chaque jour;

2° Des hôteliers et traiteurs ?

3° Des ouvriers et gens de travail..., même solution ;

3° Des ouvriers et gens de travail ?

4° Des marchands, la prescription court le jour de chaque fourniture, car chaque fourniture engendre une créance principale exigible dès qu'elle est née ;

4° Des marchands ?

5° Des domestiques qui se louent à l'année, elle ne court qu'à partir de l'expiration de l'année ou de la sortie du domestique. — Mais, dira-t-on peut-être, la créance d'un domestique, qui est resté chez son maître pendant un an, est composée d'autant de créances qu'il y a de jours dans l'année ; car chaque jour de travail fait naître à son profit une petite créance de 1/365 du loyer stipulé. Chacune de ces créances est donc prescriptible séparément, à partir du jour où elle est née. Ainsi, il ne peut lui être dû, au maximum, que le loyer d'un an ; car chaque jour qui suit l'expiration de l'an amène l'extinction de 1/365 du loyer dont le domestique est créancier.

5° Des domestiques qui se louent à l'année ?

Ce système n'est évidemment pas admissible ; il est bien vrai que le domestique qui se loue à l'année acquiert, chaque jour, 1/365 du loyer stipulé; mais ces petites créances ne sont pas *exigibles* dès qu'elles sont nées ; car lorsqu'un maître prend quelqu'un à son service pour un an, il est entendu que le loyer sera payé à l'expiration de l'an ou à la sortie du domestique, s'il est congédié ou s'il quitte son maître avant cette époque. Ce n'est donc qu'à partir de ce moment que chacune des petites créances, antérieurement acquises, devient prescriptible. Ainsi, il peut être dû au domestique deux ans pleins ; mais dès que le premier jour de la troisième année est commencé, le loyer de la première est prescrit.

6° Des médecins..., elle ne commence à courir qu'à compter de la guérison ou de la mort du malade, à moins qu'ils n'aient volontairement ou autrement cessé leurs visites avant ce temps, auquel cas la prescription court du jour de la cessation de leurs rapports avec leur malade. Les visites faites dans une seconde maladie ne font aucun obstacle à la prescription de celles qui ont été faites pendant la première (1).

6° Des médecins ?

Cette solution est contestée. Chaque visite que fait le médecin engendre, dit-on, une créance principale, soumise par conséquent à une prescription particulière qui court du jour même de la visite. Dans ce système, chacune des visites qui remonte à plus de deux années est prescrite. — Je ne puis pas me ranger à cet avis; sans doute, le médecin acquiert autant de créances

____

(1) V. Pothier, *Des oblig.*, n° 715; M. Delvincourt, M. Dur., t. XXI, n° 413.

distinctes qu'il fait de visites ; mais chacune de ces créances est-elle *exigible* dès qu'elle est née? Non assurément! Il n'est pas d'usage qu'un médecin réclame le prix de sa visite aussitôt après l'avoir faite. Ce n'est ordinairement qu'après la guérison ou à la mort du malade qu'il envoie son mémoire. Or, ce qui se fait, ce qui se passe le plus habituellement, doit être présumé avoir été entendu entre le médecin et la personne qui l'a appelé : « On doit suppléer dans les contrats les clauses qui sont d'usage, quoiqu'elles n'y soient pas exprimées » (art. 1160). Chaque visite engendre donc une créance à terme, qui ne sera exigible qu'à partir du moment où le médecin aura cessé ses rapports avec son malade. Dès lors, ce n'est qu'à partir de ce moment que la prescription peut commencer à courir.

Mais, dit-on, l'article 2274 est absolu dans ses termes : la prescription a lieu, *quoiqu'il y ait eu continuation de services;* donc la seconde visite n'empêche pas la prescription de courir pour la première.

Je réponds, d'abord, qu'il est bien difficile de considérer comme des *services* les soins qu'un médecin donne à son malade; on dit les *services* d'un domestique, d'un commis; mais personne, que je sache, ne s'avisera d'employer cette expression pour désigner les visites qu'elle a reçues de son médecin. J'ajoute qu'en supposant que la loi ait attribué au mot *service*, qu'elle emploie dans notre article, le sens étendu qu'on lui donne, notre système n'en souffrirait nullement. Qu'y est-il dit, en effet? Que la continuation des services n'empêche pas la prescription de courir, quant aux *services terminés;* or, quand le service d'un médecin est-il *terminé?* Lorsque évidemment toutes les visites nécessaires à la guérison du malade ont été faites! Que si une seconde maladie se déclare et que le même médecin soit appelé, c'est alors, mais alors seulement, qu'on pourra dire qu'il y a *continuation* de services. Tant que la maladie dure, le médecin travaille au service entrepris ; et, à chaque visite qu'il fait, au lieu de commencer un nouveau service, il achève celui qu'il a commencé.

Quid, dans l'hypothèse d'une maladie chronique ?

MM. Delvincourt et Duranton pensent que ce système n'est plus admissible, lorsqu'on se place dans l'hypothèse d'une maladie chronique. Dans ce cas, chaque visite constitue une créance distincte, exigible et par suite prescriptible, dès qu'elle est née.

Pothier, auteur du système que j'ai suivi, ne fait pas cette distinction. Le Code ne la fait pas non plus.

Pour moi, j'appliquerais, même à ce cas, la règle que j'ai posée, à savoir que chaque visite donne lieu à une créance qui est prescriptible dès qu'elle est *exigible*. Or, lorsqu'un médecin est appelé, il est toujours entendu que le malade ne sera pas obligé de le payer immédiatement après chaque visite; il doit toujours y avoir un certain temps entre la visite et le payement. Si ce temps a été fixé par les parties, aucune difficulté n'existe : cette époque fixe le commencement de la prescription. Si elles n'ont rien décidé à ce sujet, ce sera une pure question de fait, qui devra être résolue suivant les usages et et principalement d'après les habitudes du médecin.

Art. 2274, 2ᵉ alinéa. Y a-t-il encore lieu

II. Nous venons de voir que la continuation des fournitures, travaux ou services n'empêche pas la prescription de six mois ou d'un an, quant aux fournitures, travaux et services antérieurs. Elle cesse, au contraire, de courir, lorsqu'il y a eu :

1° Compte arrêté (reconnaissance de la dette au bas du mémoire) ; — cédule (reconnaissance de la dette par acte sous seing privé) ; — obligation (reconnaissance de la dette par acte authentique).

Le motif de cette disposition se tire du motif même qui sert de fondement aux prescriptions de six mois et d'un an. On sait qu'elles sont fondées sur une présomption de payement qui se tire précisément de cette considération, que le débiteur dont la dette n'est pas constatée par écrit paye le plus souvent sans retirer de quittance. Or, cette présomption n'est plus possible, dès qu'un arrêté de compte ou une reconnaissance a mis aux mains du créancier un titre écrit. Il est, en effet, naturel de supposer que si le débiteur avait payé, il n'aurait pas manqué de retirer une quittance ou le titre même de sa dette. Qu'il ne dise pas qu'il a détruit ou égaré cette quittance. Cette explication est acceptable, après qu'il s'est écoulé trente ans, depuis l'exigibilité de la dette ; mais quel est le débiteur qui n'a pas le soin de conserver, pendant six mois ou une année, la preuve de sa libération !

Ainsi, soit que les parties aient fait un écrit au moment même de leur traité, soit qu'après avoir traité verbalement et exécuté la convention, elles aient constaté par écrit l'existence de la dette, la prescription ne s'accomplit que par trente ans, à compter de l'échéance du terme pris pour le payement (1).

2° *Citation en justice non périmée.*—*Quæ tempore pereunt, semel in judicio inclusæ salvæ permanent.* — L'action alors dure autant que la citation en justice.

III. Les créanciers auxquels les prescriptions de six mois ou d'un an sont opposées peuvent déférer le serment à ceux qui les opposent, sur la question de savoir si la chose a été réellement payée.

Le serment peut même être déféré à la veuve du débiteur ou à ses héritiers (à leur tuteur quand ils sont mineurs) ; mais alors le serment n'est plus déféré dans les mêmes termes ; on ne dit plus : « Jurez que la dette a été payée », car la veuve ou l'héritier peut légitimement répondre : Je ne sais pas si la dette a été ou non payée : tout ce que je puis affirmer, c'est que je n'ai pas connaissance de la dette. Ainsi, la veuve ou l'héritier peut être

À la prescription de six mois ou un an lorsqu'il y a eu compte arrêté, cédule, obligation ?

Qu'est-ce qu'un compte arrêté ?

Une cédule ?

Une obligation ?

Pourquoi, dans ces divers cas, n'y a-t-il plus lieu à la prescription de six mois ou d'un an ?

Quel est alors le temps de la prescription ?

La citation en justice n'interrompt-elle pas la prescription de six mois ou d'un an ?

Quelle est alors la durée de l'action ?

Art. 2275.

Les créanciers auxquels une prescription de six mois ou d'un an est opposée n'ont-ils pas une ressource ?

Le serment peut-il être déféré à la veuve du débiteur ou à ses héritiers ?

Dans quels termes

---

(1) Toutefois, quelques personnes pensent que si cette dette, constatée par écrit, est stipulée payable tant par année ou par trimestre, on tombe alors dans l'hypothèse de la prescription de cinq ans, qui forme le droit commun « pour tout ce qui est payable par année ou à des termes périodiques plus courts » (2277).—Cette solution, bonne en principe, ne doit pas toujours être admise. Tout dépend des circonstances. Ainsi, bien certainement, elle ne doit jamais l'être lorsque l'écrit est dressé après l'exécution de la convention ou les fournitures faites, et qu'il y est dit que la somme due sera payable en plusieurs fois, et, par exemple, un quart chaque année. L'art. 2277 ne régit pas, en effet, la dette dont le capital déterminé et invariable est divisé en annuités (V. l'explic. de l'art. 2277). Il faut, au contraire, l'appliquer au cas où un domestique, un médecin..., avant de commencer son travail ou ses fonctions, fait dresser un écrit portant qu'il lui sera payé *tant par chaque année.*

<table>
<tr><td style="vertical-align:top; width:30%">

le serment est-il alors déféré ?

Le créancier auquel une prescription ordinaire est opposée a-t-il la ressource du serment ?

D'où vient cette différence entre les prescriptions ordinaires et les prescriptions de six mois et d'un an ?

</td><td style="vertical-align:top">

contraint, sous peine de perdre son procès, de jurer « qu'il ne sait pas que la chose est due » (1).

Dans les prescriptions ordinaires, le créancier n'a pas la ressource du serment : la présomption de payement qui résulte de l'inaction dans laquelle il est resté pendant trente ans est si forte, qu'elle a pu être sans danger déclarée invincible. J'ajoute que si le créancier n'a pas été payé, on peut encore expliquer son silence par la présomption qu'il a volontairement fait l'abandon de sa créance. Il a d'ailleurs été trop négligent pour que la loi lui vienne en aide.

Il n'en est pas de même des prescriptions de six mois ou d'un an. Elles n'ont d'autre fondement qu'une simple présomption de payement ; or, cette présomption n'étant pas de sa nature souverainement décisive, la loi a bien fait de la corroborer par la prestation du serment. Il eût été d'ailleurs injuste de refuser cette dernière ressource à un créancier dont l'inaction est plutôt un acte de déférence qu'une négligence coupable.

</td></tr>
</table>

§ III. PRESCRIPTION DE DEUX ANS.

<table>
<tr><td style="vertical-align:top; width:30%">

Art. 2273, 2276, 2e alinéa.

Quelles actions se prescrivent par deux ans ?

De quel jour cette prescription court-elle à l'égard des avoués pour le payement de leurs frais et salaire ?

Quand le procès est-il terminé ou réputé tel ?

Quid, dans le cas où il n'est pas terminé ?

Quid, quant aux frais et salaire dus à *l'avocat* ?

Quid, quant au salaire des *huissiers* ?

</td><td style="vertical-align:top">

Se prescrivent *par deux ans* :

1° « L'action des avoués pour le payement de leurs frais et salaires, à compter du jour où le procès est terminé. Le procès est terminé ou réputé tel : 1° lorsqu'il y a eu jugement ; 2° lorsque les parties ont transigé ; 3° lorsqu'elles ont révoqué leur avoué. Ajoutons, avec la Cour de cassation, 4° lorsque l'avoué a cessé ses fonctions, par suite de la suppression de son office.

Il n'en est pas de même de la mort de l'avoué ou de sa destitution ; on ne peut pas dire alors que le procès est terminé quant à lui, car, étant remplacé par un autre avoué qui le représente, l'affaire se continue par le ministère de son successeur (2).

Dans le cas où le procès n'est *pas terminé*, les frais et salaires qui remontent à plus de *cinq ans* sont prescrits.

Remarquez que la loi ne parle point des frais et salaires des avocats (3), des greffiers et des notaires ; concluons-en que la prescription ne s'accomplit, quant à eux, que par *trente ans*.

Quant au salaire des huissiers, il se prescrit par *un an* (V. p. 97, 2°).

2° « L'action en restitution des pièces (titres) confiées à un huissier, soit

</td></tr>
</table>

(1) Dans l'hypothèse prévue par l'art. 189 du Code de commerce, la formule du serment est différente. L'héritier ou la veuve doit jurer « *qu'il estime de bonne foi qu'il n'est plus rien dû.* »

(2) M. Dur., t. XXI, n° 410.

(3) Les *avocats* étaient autrefois, en ce qui touche la prescription qui nous occupe, assimilés aux avoués ; quelques personnes pensent qu'il en est de même aujourd'hui. Si, disent-elles, la loi ne parle pas des avocats, c'est que leur ordre n'a été rétabli que deux jours avant le titre de la prescription : le silence qu'elle a gardé à leur sujet n'est et ne peut être qu'un oubli. Je réponds : 1° Que la loi qui venait *si récemment* de s'occuper d'eux en rétablissant leur ordre n'a pas dû, dans un délai si court, les perdre de vue ; 2° qu'elle les connaissait d'ailleurs sous le titre de *défenseurs officieux*, et qu'ainsi elle aurait parlé d'eux sous cette dénomination, si elle avait voulu les soumettre à notre prescription de deux ans.

pour les faire signifier, soit pour les mettre à exécution. » — Les deux ans courent du jour de la signification de l'acte ou de son exécution (art. 2276, 2me alinéa).

— Remarquons que la première prescription de deux ans (la prescription de l'action des avoués pour le payement de leurs frais et salaires) est régie par les articles 2274, 2me alinéa (1), et 2275. Ainsi :

1° Si l'avoué s'est fait remettre un compte arrêté, une cédule ou obligation, sa créance n'est plus prescriptible que par trente ans.—2° Il a la ressource du serment, lorsqu'on lui oppose la prescription de deux ans.

— Il n'en est pas de même de la seconde prescription de deux ans (celle de rendre les pièces dont un huissier est détenteur). Ainsi :

1° L'écrit par lequel l'huissier se reconnaît détenteur des pièces qui lui ont été confiées n'empêche pas qu'il soit libéré après deux ans, depuis l'époque déterminée par la loi. La raison de cette différence vient de ce que cette prescription, au lieu d'être uniquement fondée sur une présomption de payement, a aussi pour fondement cette considération qu'il ne faut pas que la responsabilité des huissiers, quant aux pièces qui leur sont remises, dure trop longtemps. Autrement, la négligence que le client mettrait à les réclamer leur causerait de trop grands embarras.

2° Le client auquel elle est opposée n'a pas la ressource du serment (arg. tiré de la place qu'occupe dans le Code l'art. 2275).

§ IV. DE LA PRESCRIPTION DE CINQ ANS.

Se prescrivent par *cinq ans* :
1° Les arrérages de rentes perpétuelles et viagères ;
2° Ceux des pensions alimentaires ;
3° Le loyer des maisons et le prix des baux à ferme ;
4° Les intérêts des sommes prêtées ;
5° Tout ce qui est *payable par année ou à des termes périodiques plus courts* (2).

I. *Des motifs de cette prescription.* — Elle est fondée : 1° sur une présomption de payement. Il est bien rare qu'un créancier ne perçoive pas très-régulièrement ses *revenus* ; car, outre qu'il en a le plus souvent besoin pour faire face à ses dépenses journalières, il n'en retire aucun profit tant qu'il les laisse dans les mains de celui qui les doit ; la loi a donc dû naturellement présumer que le créancier qui est resté pendant cinq ans dans l'inaction a été réellement payé des intérêts ou revenus qu'il avait droit d'exiger.

2° Sur une considération d'ordre public. Si le créancier pouvait, sans encourir aucune déchéance, laisser ses revenus s'accumuler pendant trente ans, sa négligence à les réclamer serait on ne peut plus funeste au débi-

---

(1) Le premier alinéa ne lui est pas applicable ; ainsi, la prescription ne court point pour chaque créance séparément. Elle court en même temps, pour toutes les créances acquises, à partir du même jour ; ce jour est fixé par la loi elle-même (V. art. 2273).

(2) V. p. 92, une autre prescription de cinq ans.

teur, qui, n'étant pas poursuivi, dépenserait, au fur et à mesure qu'il les réaliserait, les sommes destinées à sa libération ; la loi a pensé qu'elle devait lui venir en aide et ne pas permettre que son créancier l'écrasât sous le poids d'intérêts accumulés pendant un si grand nombre d'années ; le créancier supportera donc la peine de sa négligence.

II. *De l'application de notre article.* — J'ai dit que la prescription de cinq ans n'est pas seulement fondée sur une présomption de payement, mais encore, et surtout, sur cette considération d'ordre public qu'il serait injuste qu'un créancier pût consommer la ruine de son débiteur en laissant s'accumuler, pendant trente ans, des loyers, intérêts, arrérages ou revenus dont le chiffre dépasserait souvent de bien loin le montant du capital qui les aurait produits.

Cette considération est le fondement *principal* et *essentiel* de notre prescription. C'est, dit Henrys, *en haine de la négligence* du créancier, et pour le soulagement du débiteur que cette prescription a été introduite. M. Bigot-Préameneu, dans son exposé de motifs au Tribunat, l'explique de la même manière : « Elle n'est pas, dit-il, seulement fondée sur une présomption de payement, mais *plus encore* sur une considération d'ordre public. On a voulu empêcher que les débiteurs ne fussent réduits à la pauvreté par des arrérages accumulés. »

Ce motif de la loi doit servir à l'éclairer ; il en indique toute l'étendue en précisant les cas auxquels elle est applicable et ceux auxquels elle ne l'est point. C'est par lui qu'on pourra rectifier ce qu'il y a d'incorrect dans cette formule de notre texte : « Tout ce qui est payable *par année* ou à des termes périodiques plus courts est prescriptible par cinq ans. » Ainsi :

1° La prescription de cinq ans n'est pas applicable aux dettes qui, *bien* que payables *par année*, ne sont point *susceptibles d'accroissements successifs* ;

2° Elle s'applique, au contraire, aux dettes qui, bien qu'elles *ne soient pas payables par années*, ou à des termes périodiques plus courts, sont pourtant susceptibles de recevoir des accroissements successifs, c'est-à-dire dont le chiffre grossit sans cesse à mesure que marche le temps, en d'autres termes, dont l'accroissement ne s'arrête pas par le payement qu'en fait le débiteur.

Reprenons séparément chacune de ces propositions.

La prescription de cinq ans ne s'applique point *aux dettes qui, alors même qu'elles sont payables par années, ne sont point susceptibles d'accroissements successifs.*

Sur ce point, tout le monde est d'accord. Ainsi :

1° Les dettes de *capitaux*, quoique divisées en annuités, ne se prescrivent pas par cinq ans ; elles sont régies par la prescription de trente ans. Je vous prête 10,000 fr. sous la condition que vous me les rendrez en dix années, par payements de 1,000 fr. : bien que le capital que vous me devez soit payable *par chaque année*, votre dette n'est prescriptible que par trente ans ; elle est, en effet, déterminée d'une manière invariable ; le chiffre n'en grossira pas avec le temps ; votre négligence à vous faire payer n'aggravera pas ma position.

2° Aux intérêts qui ont été payés par un tiers pour le compte et à la décharge du débiteur. Vous devez, je le suppose, quatre années d'intérêts échus ; votre caution ou un tiers qui se constitue votre gérant d'affaires, les paye avec son propre argent. Vous voici libéré envers votre créancier, mais obligé de rendre à votre gérant d'affaires ce qu'il a payé à votre décharge : votre dette n'est prescriptible que par trente ans ; car elle a pour objet, non plus des intérêts payables par chaque année, mais un capital dont le chiffre est déterminé et invariable.

Les intérêts qui ont été payés par un tiers pour le compte et à la charge du débiteur se prescrivent-ils par cinq ans ?

Elle s'applique, au contraire, *aux dettes qui sont susceptibles d'accroissements successifs : il n'y a pas, à cet égard, à distinguer si elles sont ou non payables à des termes périodiques.*

Cette proposition n'a rien d'arbitraire. Je l'emprunte à M. Bigot-Préameneu lui-même. « La crainte de la ruine des débiteurs étant admise comme motif de notre prescription à cinq ans, on ne doit, dit-il, *excepter* aucun des cas auxquels ce motif s'applique. » — Le texte de la loi est conçu dans cet esprit ; car après avoir cité, à titre d'exemple, plusieurs cas auxquels la loi s'applique, il conclut par cette formule générale : « et généralement tout ce qui est payable par année ou à des termes plus courts, se prescrit par cinq ans. »

Sont donc prescriptibles par cinq ans, non-seulement les dettes textuellement citées, mais encore toutes les autres dettes qui, de même que les arrérages, loyers, fermages et intérêts de sommes prêtées, sont susceptibles de recevoir par le temps un accroissement qui pourrait entraîner la ruine du débiteur, et par exemple :

1° Les intérêts des sommes dues en vertu d'une cause autre qu'un *prêt*, tels que les intérêts d'une *dot* ou d'un prix de vente, ou même ceux qui sont dus en vertu d'un jugement, c'est-à-dire les intérêts moratoires (1). Tous ces intérêts sont, en effet, aussi ruineux pour le débiteur, quand le créancier les laisse s'accumuler, que ceux qui naissent des sommes prêtées.

Quid, quant aux intérêts d'une dot ou d'un prix de vente ?

2° Les actions des maîtres et instituteurs, pour les leçons qu'ils donnent

Quid, quant aux ac-

---

(1) Quant aux intérêts d'un prix de vente et aux intérêts moratoires, on fait une objection. Aux termes de notre article, ce qui est payable par années ou à des termes périodiques plus courts, est prescriptible par cinq ans ; or, les intérêts d'un prix de vente (quand la vente est faite sans terme pour l'acheteur ; c'est le cas que je suppose) et les intérêts moratoires ne sont point payables successivement par années ou à des termes périodiques, à des termes fixes en un mot ; ils sont *toujours exigibles, exigibles à chaque instant*, exigibles dès à présent : il n'y a pas, il ne peut y avoir de termes périodiques de payement là où il n'y a pas de terme. — Je réponds : qu'on donne aux mots *payables à des termes périodiques* un sens restreint que repousse énergiquement l'esprit de la loi ; le motif sur lequel est fondée la prescription de cinq ans révèle clairement sa pensée : par dettes *payables à des termes périodiques*, elle entend les dettes qui s'accroissent chaque jour, et qui entraîneraient la ruine du débiteur si le créancier leur laissait prendre un accroissement exagéré. Sans doute la formule de la loi n'exprime pas, grammaticalement parlant, une règle aussi étendue ; mais il est impossible de la prendre à la lettre, car en l'interprétant judaïquement, on arrive, ainsi que je l'ai déjà montré, à des conséquences que tout le monde rejette (V. p. 94).

tions des maîtres et instituteurs pour les leçons qu'ils donnent à tant par année ?

Notre règle ne doit-elle pas recevoir un double tempérament ?

à tant par année, semestre ou trimestre (v. p. 85 et 86), des secrétaires, commis, intendants, aumôniers et bibliothécaires dont le salaire est périodique.

—Il faut, toutefois, apporter un tempérament à notre principe. Les intérêts ne se prescrivent pas par cinq ans, lorsque le créancier n'est pas *en faute* de ne les avoir point exigés. C'est ce qui a lieu :

1° Lorsqu'ils sont le produit d'une créance qui n'est pas encore liquidée, car tant que le chiffre n'est pas déterminé, le créancier n'a pas d'action particulière pour se les faire payer ; tels sont, par exemple, les intérêts des sommes dues par un tuteur et qui ont couru depuis la cessation de la tutelle jusqu'à la reddition de compte ;

2° Lorsqu'ils courent à l'insu du créancier ; tels sont, par exemple, les intérêts d'une somme volée, tant que le propriétaire ignore le vol ou le nom du voleur ; tels sont encore ceux qui sont dus par un mandataire ou un dépositaire qui a employé à son propre usage, et à l'insu du propriétaire, la somme qui lui a été confiée.

Les créanciers auxquels est opposée une prescription de cinq ans ont-ils la ressource du serment ?

Pourquoi ne l'ont-ils pas ?

—Les créanciers auxquels la prescription de cinq ans est opposée n'ont pas la ressource du serment (arg. tiré de la place qu'occupe dans le Code l'article 2275) ; elle n'est pas, en effet, uniquement fondée sur une présomption de payement. La loi a voulu *surtout* empêcher que le créancier ne consommât, par sa négligence à se faire payer, la ruine du débiteur ; or, ce motif reste toujours et justifie la prescription, alors même qu'il est démontré, par l'aveu du débiteur, qu'il n'a pas payé les intérêts que le créancier avait droit d'exiger.

Art. 2278.

Les prescriptions de six mois, d'un an, de deux ans et de cinq ans courent-elles contre les mineurs et interdits ?

Pourquoi courent-elles contre eux ?

—*Règle commune à toutes les petites prescriptions.*—Les courtes prescriptions, celles de six mois, d'un an, de deux ans et de cinq ans, courent contre les mineurs et interdits.—Quels sont les motifs de cette dérogation au droit commun ? Voici ceux qu'on a donnés.

« Si un mineur remplit quelqu'un des états pour lesquels la prescription est limitée à six mois, à un an, il est juste qu'il soit assujetti aux règles générales de la prescription ; il ne pourrait même pas l'exercer s'il n'obtenait le payement de ce qui lui est dû, à mesure qu'il le gagne : lorsqu'il a l'industrie pour gagner, il est présumé avoir l'intelligence pour se faire payer. —Cette raison ne me satisfait pas ; elle ne s'applique pas, en effet, au cas le plus fréquent, c'est-à-dire au cas où la profession a été exercée par un majeur qui est mort laissant un héritier mineur ou interdit ; mais quoique fautive, c'est bien celle qui a dirigé le législateur (V. Pothier, *Oblig.*, n° 684, et M. Bigot-Préameneu).

Quant aux dettes qui se prescrivent par cinq ans, parce qu'elles sont susceptibles d'accroissements successifs, on a pensé que l'interdiction ou la minorité des créanciers munis d'un tuteur négligent ne devait pas être, pour les débiteurs, une cause de ruine.—Au reste, il est bien entendu que les mineurs ou interdits pourront recourir contre leurs tuteurs.

§ V. DE LA RÈGLE EN FAIT DE MEUBLES LA POSSESSION VAUT TITRE.

Art. 2279.

Quel est le sens de

I. *Quel est le sens de la règle, en fait de meubles possession vaut titre.*
— Elle ne signifie point que le possesseur d'un meuble est présumé, *jusqu'à*

preuve contraire, en être le légitime propriétaire ; car, ainsi entendue, elle la règle, *en fait de*
meubles la posses-
sion vaut titre?
n'aurait aucune utilité, puisque c'est un principe de droit commun que la possession d'un bien *mobilier* ou *immobilier* forme pour le possesseur une présomption de propriété qui subsiste tant qu'elle n'est pas détruite par la preuve contraire (V. p. 22, 2°).

C'est par l'exception même qu'elle subit qu'on en peut déterminer le véritable sens. « En fait de meubles la possession vaut titre... » Telle est la règle. Voici maintenant l'exception : « *néanmoins*, celui qui a perdu ou auquel il a été volé une chose peut la *revendiquer...* C'est par *exception* à la règle *en fait de meubles, possession vaut titre*, que les choses volées ou perdues peuvent être *revendiquées* ; donc, en *principe*, on ne *revendique pas les meubles*.

Ainsi, notre règle signifie qu'en principe on ne revendique pas les meubles, ou, ce qui revient au même, que la prescription, quant aux meubles, est dispensée du laps de temps, qu'elle est instantanée, c'est-à-dire acquise par le seul effet de la possession.

Le possesseur d'un *immeuble* est bien présumé propriétaire ; mais tant qu'il n'a pas possédé pendant tout le temps déterminé par la loi (30, 20 ou 10 ans, suivant les cas), la présomption établie en sa faveur n'est pas invincible ; elle peut être combattue ou détruite par la preuve contraire, auquel cas le propriétaire reprend son immeuble.

Le possesseur d'un *meuble*, au contraire, ne peut pas en être évincé ; la présomption qui le protége est invincible, non susceptible d'être combattue et détruite par la preuve contraire : sa possession *vaut titre*, c'est-à-dire tient lieu d'une juste cause d'acquisition.

En d'autres termes, et pour résumer, en fait de meubles il n'y a pas de droit de suite, à moins que la chose n'ait été volée ou perdue.

II. *Sur quels motifs est fondée la règle, en fait de meubles la possession* Sur quels motifs
est-elle fondée?
vaut titre. — Elle est fondée, 1° sur un motif d'*équité* et 2° sur un motif d'ordre public.

1° *Motif d'équité.* — La propriété des *immeubles* est toujours constatée par écrit ; lors donc qu'une personne me propose de me vendre un immeuble ou de me l'hypothéquer, il m'est facile, pour peu que je sois prudent, de vérifier si celui avec lequel je vais me mettre en relation de droit est ou non propriétaire ; je puis me faire représenter ses titres et les étudier. Si je je crois sur parole et me laisse tromper, mon erreur est inexcusable. Les titres qui m'ont été représentés sont-ils douteux, si je passe outre au lieu de m'abstenir, ma confiance est une témérité qui ne mérite pas la faveur de la loi ; dans l'un et l'autre cas, j'ai volontairement couru la chance d'une éviction ; cette éviction, si je la subis, ne sera que la juste punition de mon imprudence.

Les *meubles*, au contraire, passant de mains en mains par de simples conntions verbales, (car il n'est pas d'usage que les parties dressent des actes pour constater les contrats dont ils sont l'objet) la propriété *mobilière* se trouve rarement constatée par écrit ; lors donc qu'une personne me propose de me vendre ou de me donner en gage le meuble qu'elle possède et dont elle affirme avoir la propriété, quel moyen ai-je de vérifier si elle est ou non propriétaire ? Si je lui demande de me justifier de son droit de propriété, en me représentant des titres qui le constatent, elle me répondra avec raison qu'elle n'en a pas, et que la preuve que la chose sur laquelle elle me propose de traiter est bien à elle, c'est qu'elle la possède ; force me sera bien de la croire sur parole.

Ainsi, lorsque j'ai acheté *à non domino* un effet mobilier et que je m'en suis fait mettre en possession, aucune faute ne peut m'être reprochée ; l'erreur dans laquelle je suis tombé est excusable, car l'homme le plus attentif l'eût subie comme moi.

En est-il de même du propriétaire de la chose qui m'a été vendue et livrée ? Non assurément ! A quel titre, en effet, se trouvait-elle entre les mains du possesseur qui, en se faisant passer pour propriétaire, m'a déterminé à contracter avec lui ? Elle y était, par exemple, à titre de dépôt ou de prêt, de location ou de gage, en vertu d'un mandat ou d'une commission. Le propriétaire qui la lui a remise a suivi sa foi ; or, la confiance qu'il a eue en lui est une faute. Il devait se mieux renseigner et ne pas laisser la chose entre les mains d'une personne infidèle et capable de profiter de sa position pour se présenter au public en qualité de propriétaire. Le public ne doit pas être victime de la faute qu'il a commise !

En résumé, aucune faute ne m'est imputable ; le propriétaire qui veut m'évincer de la chose que j'ai cru acquérir est au moins coupable de négligence ; entre lui et moi la loi n'avait pas à balancer : une perte doit être éprouvée (1) ; l'équité demande qu'elle soit supportée par celui qui y a indirectement donné lieu par son imprudente confiance.

2° *Un motif d'ordre public.* Les meubles passent de mains en mains avec une grande rapidité. Ainsi, par exemple, il arrive souvent que 10, 15, 20... personnes achètent, dans un temps très-court et successivement, le même cheval ; or, si le dernier possesseur pouvait en être évincé par le propriétaire qui l'avait imprudemment confié au premier vendeur, il aurait un recours contre son auteur ; celui-ci recourrait à son tour contre le sien, et ainsi de suite. Nous aurions ainsi, à l'occasion du même objet, je ne sais combien de procès, des procédures multiples qui absorberaient en frais plus de vingt fois peut-être la valeur de l'objet qui y donnerait lieu. Ces procès seraient d'autant plus à craindre que rien n'est plus difficile que de constater l'identité d'un meuble.

J'ajoute enfin que s'il était permis au propriétaire de revendiquer la chose que son dépositaire, emprunteur, locataire... a vendue (2) et livrée à un

____

(1) Je suppose le vendeur insolvable : dans l'hypothèse contraire, la question présente peu d'intérêt.

(2) Je suppose toujours le cas d'une vente, parce que c'est celui qui est le plus fréquent ; mais bien évidemment l'art. 2279 régit et s'applique également au cas où une chose a été donnée en gage, *non a domino.* Les tiers de bonne foi conservent toujours, en vertu de notre règle, le droit quel qu'il soit, droit de propriété ou de gage, qu'ils ont cru acquérir (V. p. 100, 2°. V. aussi mon troisième examen, p. 394). — Les *donataires* eux-mêmes sont protégés par elle. Sous ce rapport, la loi, ce me semble, est allée trop loin.

acheteur de bonne foi, toute confiance serait détruite ; le commerce deviendrait impossible, car personne n'oserait plus acheter.

III. *A quelles choses s'applique la règle, en fait de meubles...* — Notre règle est fondée sur ce double motif : 1° que la propriété des meubles n'étant point constatée par des écrits, ceux qui se mettent en relation de droit avec le possesseur d'un meuble sont dans la nécessité de le croire sur sa parole, quand il affirme qu'il est réellement propriétaire de la chose sur laquelle il offre de traiter ; 2° que les meubles passant rapidement de mains en mains, et leur identité étant fort difficile à constater, ce serait donner lieu à trop de procès que d'en autoriser la revendication.

La règle, en fait de meubles... n'est donc pas applicable à l'égard des meubles qui, par leur nature, ne présentent point ces caractères ; or, n'ont point ces caractères :

1° Les *meubles incorporels*, tels que les *créances* et les rentes. D'une part, en effet, la circulation des meubles incorporels n'est pas plus rapide, plus répétée, leur identité n'est pas plus difficile à constater que celle des immeubles ; d'autre part, la propriété des créances et des rentes étant ordinairement constatée par écrit, celui qui se met en relation de droit avec un prétendu créancier peut facilement s'assurer si la créance sur laquelle il se propose de traiter est bien réellement la sienne ; s'il le croit sur parole et se laisse tromper, il est en faute, et la loi ne lui doit aucune protection. *Paul* me propose de me vendre une créance qu'il dit avoir sur Pierre ou de me la donner en gage : si je suis prudent, que ferai-je avant de traiter ? Je me ferai remettre le titre de la créance, et si je m'aperçois qu'il n'est pas conçu au nom de *Paul*, « Rien ne me prouve, lui dirai-je, que la créance que vous me proposez de vendre est bien à vous ; vous en détenez le titre, cela est vrai, mais ce titre vous a peut-être été confié par le véritable créancier : la créance qui y est relatée ne peut vous appartenir qu'en qualité de cessionnaire ou d'héritier du créancier originaire ; montrez-moi votre acte de cession ; exhibez les titres qui établissent votre qualité d'héritier. » S'il ne le fait pas, je dois m'abstenir ; si je passe outre, c'est à mes risques et périls (1).

2° Les *universalités de meubles corporels ou incorporels* (2). Il existe, en effet, quant à ces choses, des titres, au moyen desquels il est toujours facile de s'assurer si elles appartiennent ou non à celui qui les détient. Quelqu'un m'offre de me vendre une succession qu'il dit sienne, mais qui, en réalité, appartient à un autre : si je me laisse tromper, ce sera ma faute. Je

----

(1) *Quid*, si le détenteur du titre porte le même nom que le véritable créancier ? — *Quid* si le détenteur du titre est l'héritier *apparent* du créancier originaire ? — *Quid* si un créancier subrogeant qui a conservé les titres de sa créance reçoit un nouveau payement avec subrogation et remet les titres de la créance au second subrogé ? Dans ces divers cas, le tiers qui a traité avec le détenteur des titres de la créance n'a eu aucun moyen d'éviter l'erreur dans laquelle il a été induit. Ne peut-il pas alors invoquer la maxime en fait de meubles la possession vaut titre ? J'ai admis l'affirmative dans mon *Traité des subrogations*, p. 309 *in fine* et suiv.

(2) M. Bigot-Préameneu, dans son *Exposé des motifs au Tribunat.*

ne dois pas, en effet, le croire sur parole. Des titres existent qui peuvent m'éclairer ; c'est à moi de me les faire représenter. « Vous vous prétendez héritier, lui dirai-je, prouvez-le-moi. Êtes-vous héritier *ab intestat*, montrez-moi que vous êtes le parent du *de cujus*, et qu'il n'a pas laissé de parent plus proche que vous. N'êtes-vous qu'un légataire, exhibez-moi le testament qui justifie de votre droit. »

Ainsi, en résumé, notre règle ne s'applique qu'aux meubles *corporels* et *individuels*.

Quelles personnes peuvent l'invoquer ? ou plutôt, à quelles conditions est-elle subordonnée ?

IV. *Quelles personnes peuvent invoquer la règle, en fait de meubles... ou plutôt à quelles conditions est subordonnée l'application de cette règle.* — Elle suppose le concours des trois conditions suivantes ; il faut : 1° que celui qui l'invoque soit de bonne foi ; 2° qu'il possède en vertu d'un juste titre ; 3° qu'il ne soit pas obligé personnellement à la restitution de l'objet revendiqué.

1° *Qu'il soit de bonne foi.* La loi, en effet, a voulu venir au secours de ceux qui n'ont eu aucun moyen de s'assurer que le possesseur du meuble sur lequel ils ont traité n'en était pas propriétaire ; elle excuse l'erreur, mais elle ne protége point la fraude : le recéleur du bien d'autrui ne mérite aucune faveur ! L'article 1141 confirme ce système. Quelqu'un qui a déjà vendu un objet mobilier, et qui, par suite de la vente qu'il en a faite, a cessé d'en être propriétaire, le vend et le livre à un second acheteur : si le premier acheteur revendique, le second pourra-t-il invoquer contre lui la règle, en fait de meubles...? Oui, *s'il est de bonne foi ;* non, dans le cas contraire.

Au reste, la bonne foi est toujours présumée ; c'est donc au revendiquant qui la conteste à prouver qu'elle n'existe point.

2° *Qu'il possède en vertu d'un juste titre,* c'est-à-dire qu'il ait reçu la chose en vertu d'un titre qui l'en eût rendu propriétaire ou qui lui eût transféré le droit réel (usufruit ou droit de gage) qu'il croyait acquérir, si celui avec lequel il a traité en eût été réellement propriétaire. Ainsi, quelqu'un me vend, me donne ou me lègue une chose mobilière qui ne lui appartient pas : dès que je serai en possession de cette chose, le droit de propriété que j'ai cru acquérir sur elle me sera réellement acquis. Quelqu'un me vend, me donne ou me lègue un droit d'usufruit sur une chose mobilière qui appartient à un autre, ou bien il me la donne en gage : dès que je la possède, le droit d'usufruit ou de gage m'est acquis, et je ne puis pas en être évincé (V. p. 98).

Mais si j'ai reçu la chose en vertu d'un contrat de dépôt, de prêt, de location, de mandat... notre règle cesse d'être applicable ; et la raison est bien simple ! Les dépositaires, emprunteurs, locataires, mandataires... ne possèdent point, puisqu'ils possèdent non pour eux, mais au nom et pour le compte d'une autre personne ; ce sont des détenteurs *précaires ;* or, *précarité* et *prescription* sont deux choses qui s'excluent (1).

Le possesseur est, au reste, présumé posséder en vertu d'un juste titre ; car, s'il était obligé d'en prouver l'existence, cette nécessité créerait cette source de procès que notre règle a précisément eu pour objet de prévenir.

____

(1) L'art. 2230 s'applique aux *meubles* aussi bien qu'aux immeubles (argum. tiré du mot *dépositaire*, combiné avec l'art. 1918).

Ainsi, lorsqu'on plaide sur la question de savoir si la possession qu'invoque le défendeur a été ou non entachée du vice de précarité, c'est au demandeur à prouver que ce vice a existé réellement. Dans ce cas, le défendeur devra succomber, à moins qu'il ne prouve que sa possession, précaire dans l'origine, a été ensuite intervertie conformément à l'article 2238.

3o Qu'il ne soit pas personnellement obligé à la restitution de la chose qu'il possède. Et, en effet, si celui qui s'est obligé à restituer la chose qui lui a été remise, et qui est actionné *en revendication*, devait triompher en invoquant la règle *en fait de meubles...*, qu'arriverait-il? Le demandeur débouté intenterait aussitôt une action nouvelle, non plus l'action en revendication qui serait repoussée par l'exception de la chose jugée, mais une action personnelle, fondée sur l'obligation dont est tenu envers lui le défendeur; celui-ci, vainqueur dans le premier procès, succomberait dans le second! Or, quelle utilité y aurait-il à forcer le revendiquant d'abandonner son action pour le contraindre d'en former une autre qui, à la vérité, serait différente de la première, mais qui, en définitive, tendrait au même but, la restitution de la chose réclamée? Nos lois ne connaissent point de semblables subtilités!

Cette troisième condition se confondra presque toujours avec la première ou la seconde, car ceux qui sont obligés personnellement à la restitution de la chose qu'ils détiennent seront le plus souvent des détenteurs précaires ou au moins des personnes de mauvaise foi.

Les trois conditions qui viennent d'être indiquées ne se confondent-elles point entre elles ?

Il peut arriver cependant qu'un détenteur précaire ne soit pas obligé personnellement à la restitution de la chose qu'il détient, et réciproquement, qu'un obligé personnel ne soit pas un détenteur précaire. Il se peut aussi qu'il soit de bonne foi, nonobstant la précarité de sa possession ou l'obligation personnelle dont il est tenu. Je m'explique par quelques espèces.

Se peut-il que le détenteur précaire ne soit pas obligé personnellement à la restitution de la chose qu'il détient, ou réciproquement qu'un obligé personnel ne soit pas un détenteur précaire ?

Paul détient, en qualité de dépositaire, de locataire ou d'emprunteur, un effet mobilier qui m'appartient : il n'a pas droit au bénéfice de notre règle, 1o parce qu'il est de mauvaise foi ; 2o parce qu'il détient précairement; 3o parce qu'il est obligé personnellement à la restitution de la chose qu'il détient.

Se peut-il que le détenteur soit de bonne foi, nonobstant la précarité de sa possession ou l'obligation personnelle dont il est tenu ?

Mais supposons que trente ans se sont passés depuis l'époque où j'aurais pu agir en restitution : il est libéré, par cette prescription de trente ans, de l'obligation personnelle qu'il avait contractée envers moi; mais sa mauvaise foi et la précarité de sa possession subsistant, notre règle ne le protége point contre l'action en revendication dirigée contre lui.

Supposons enfin que ce détenteur précaire, libéré de son obligation personnelle par la prescription de trente ans, meurt laissant un héritier qui ignore la précarité de sa possession : cet héritier possède de bonne foi ; il n'est pas personnellement obligé à la restitution de la chose qu'il détient; mais la précarité subsiste (1); cela suffit pour l'exclure du bénéfice de notre règle.

Mon héritier trouve dans ma succession un objet mobilier que je vous ai vendu, mais dont vous n'avez pas encore exigé la délivrance ; il le possède de bonne foi, car il ignore (je le suppose) la vente qui vous en a transféré la

____

(1) La mort du détenteur précaire ne la purge pas (V. p. 43).

propriété; sa possession est exempte de précarité, car il possède pour son propre compte; cependant votre action en revendication devra triompher contre lui, car il est personnellement obligé à la restitution de la chose que je vous ai vendue. Ainsi, dans l'espèce, l'obstacle à l'application de notre règle ne vient ni de la mauvaise foi du possesseur, ni de la précarité; il vient uniquement de l'obligation personnelle dont il est tenu envers le revendiquant.

Art. 2279, 2e alinéa, et 2280.
Quelles sont les exceptions apportées à notre règle ?
Pourquoi ne s'applique-t-elle pas aux choses volées ou perdues ?

V. *Exceptions à la règle, en fait de meubles, la possession vaut titre.* — Lorsqu'un meuble est vendu par une personne à qui il avait été confié, par exemple, par un dépositaire, un locataire, un emprunteur, le propriétaire ne peut pas en évincer l'acheteur de bonne foi; car, en donnant sa confiance à qui ne la méritait pas, il a commis une faute, et il serait injuste d'en rejeter sur autrui les conséquences. Il n'en est plus de même, lorsqu'elle a été vendue par un *voleur* ou par une personne qui l'a trouvée; dans ce cas, en effet, aucune faute ne peut être imputée au propriétaire, car le *vol* ou la *perte* sont des cas fortuits que subissent les hommes les plus prudents. De là, la règle que le propriétaire peut reprendre partout où il la trouve la chose qu'il a *perdue* ou qui lui a été *volée*.

J'ajoute, en ce qui touche le vol, que ce serait l'encourager, que de faciliter au voleur la transmission de la chose volée; car si les tiers n'avaient pas, dans ce cas, à craindre une éviction, ils n'auraient aucun intérêt à s'enquérir de la moralité du possesseur avec lequel ils traitent.

Quel est le sens de l'exception portant qu'en fait de meubles volés ou perdus, la possession ne vaut pas titre ?

— Ce n'est pas à l'égard du voleur et de l'inventeur ou de leurs héritiers qu'il a été nécessaire de déroger à notre règle; car tant que la chose volée ou perdue est entre leurs mains, l'obstacle à la prescription instantanée vient de leur mauvaise foi ou de l'obligation personnelle dont ils sont tenus envers le propriétaire.

L'exception que nous étudions n'a donc trait qu'au cas où la chose volée ou perdue est passée entre les mains d'un tiers qui l'a reçue à titre particulier et de bonne foi, et, par exemple, entre les mains d'un acheteur. Bien qu'il soit de bonne foi, que sa possession soit exempte de précarité et qu'il n'ait pas succédé à l'obligation personnelle de son auteur, la circonstance que la chose qu'il détient a été volée ou perdue constitue un vice particulier qui à lui seul fait obstacle à l'application de notre règle.

Pendant combien de temps les meubles volés ou perdus peuvent-ils être revendiqués ?
De quel jour cette prescription de trois ans court-elle ?

Ainsi, le propriétaire d'une chose *volée* ou *perdue* peut la revendiquer, *même contre les tiers acquéreurs de bonne foi;* mais il ne le peut que *pendant trois ans.*

Remarquons même que les trois ans courent, non pas du jour de l'entrée en possession, mais du jour de la *perte* ou du *vol.* Cette prescription n'est donc pas *acquisitive,* c'est-à-dire fondée sur la possession: c'est une *prescription libératoire;* il en résulte que le défendeur peut l'invoquer, *alors même qu'il ne possède que depuis quelques instants,* s'il prouve que la perte ou le vol remonte à plus de trois ans.

L'acheteur de bonne foi d'une chose volée ou perdue est obligé de la rendre; mais le

— *Tempérament apporté au principe, que les choses volées ou perdues peuvent être revendiquées.* — Le possesseur de la chose volée ou perdue est dans tous les cas obligé de la rendre au propriétaire qui la revendique; mais s'il l'a achetée, le propriétaire qui la reprend ne doit-il pas, au moins, lui rendre le prix qu'elle lui a coûté ? La loi distingue : *(propriétaire qui la reprend ne doit-il pas lui rendre, au moins, le prix qu'elle lui a coûté ?)*

Le possesseur l'a-t-il achetée dans une foire, dans un marché, dans une vente publique ou d'un marchand vendant des choses pareilles, sa bonne foi est si éclatante, son erreur si légitime, qu'il y aurait injustice à se montrer rigoureux : en conséquence, il n'est tenu de rendre la chose qu'il possède qu'autant que le propriétaire qui la réclame est prêt à lui restituer le prix qu'elle lui a coûté. — Dans ce cas, le propriétaire a un recours contre le voleur ou l'inventeur, à l'effet de répéter d'eux l'argent qu'il a dépensé pour avoir sa chose. *(Ne faut-il pas, à cet égard, faire une distinction. Quel est le motif de cette distinction ?)*

L'a-t-il, au contraire, achetée partout ailleurs qu'en foire, dans un marché ou dans une vente publique, d'un non-marchand ou du premier passant venu, il n'est pas absolument exempt de faute ; il aurait dû s'assurer de la moralité du possesseur avec lequel il a traité, et s'abstenir s'il avait quelque doute à cet égard ; il a, en quelque sorte, acheté au hasard, à ses risques et périls : le propriétaire pourra l'évincer sans aucune indemnité ; sauf à lui à recourir contre le vendeur dont il a imprudemment suivi la foi.

— *Quel est le sens du mot vol.* — Selon le droit romain, il y a *vol*, non-seulement lorsqu'on *déplace* la chose d'autrui pour la soustraire et se l'approprier, mais encore lorsqu'on dispose, sans le consentement du propriétaire, de la chose qu'il nous a confiée ou remise, par exemple, à titre de dépôt ou de prêt. Le vol, en un mot, est tout *maniement* frauduleux d'une chose pour en retirer profit. Ainsi, le dépositaire, l'emprunteur, le locataire... commettent un vol, lorsqu'ils vendent la chose qu'ils détiennent : l'acheteur qui la tient d'eux ne peut pas l'usucaper, car les choses volées ne sont pas susceptibles d'usucapion. Il en résulte que l'usucapion, quant aux meubles, n'a lieu qu'autant que la chose possédée a été, à l'origine, livrée à une personne qui l'a reçue de bonne foi, par une personne qui n'en est pas, mais qui s'en croit propriétaire, par exemple par l'héritier d'un dépositaire ou d'un emprunteur (1). *(Quel était le sens du mot vol selon le droit romain ?)*

Le mot *vol* n'a jamais eu dans notre droit un sens aussi étendu. Le Code pénal le définit : la *soustraction* frauduleuse d'une chose qui ne nous appartient pas (art. 379) ; il consiste donc à *soustraire*, à *enlever* la chose d'autrui pour se l'approprier ; or, lorsqu'un propriétaire *remet* sa chose à une personne qui la reçoit à titre de dépôt, de prêt, de location, de gage..., et que ce détenteur infidèle en dispose, on ne peut pas dire d'elle qu'elle a été *soustraite, enlevée* à son propriétaire. Cet acte est blâmable assurément ; la loi même le punit de peines assez sévères ; mais c'est un délit d'une autre nature que le vol, connu sous un nom spécial et dont il est traité à part dans le Code pénal (V. les art. 406 à 408, rapprochés des art. 379 et suiv.) ; on l'appelle *abus de confiance*. *(A-t-il dans notre droit un sens aussi étendu ?)*

Ainsi, la chose vendue et livrée par un dépositaire, un emprunteur, un locataire..., en un mot, par une personne qui la tient du propriétaire, n'est pas une chose *volée*; celui qui la reçoit de bonne foi en acquiert donc in- *(Le dépositaire, le vendeur, l'emprunteur... qui vend le meuble qu'il détient commet-il un vol ?)*

(1) V., pour plus de détails, MM. Ducauroy et Ortolan, sur les §§ 2, 3, 4 et 5, liv. II, tit. VI, *Des Institutes de Justinien.*

stantanément la propriété, conformément au principe qu'en fait de meubles, la possession vaut titre. L'article 1141 ne laisse aucun doute à cet égard.

Peut-on appliquer aux choses escro-quées ce que la loi dit des choses volées?

—Mais que décider si on se place dans l'hypothèse *de l'escroquerie*? J'ai l'habitude de prêter mon cheval à un ami; quelqu'un qui a su imiter son écriture et sa signature se présente en son nom, disant qu'il vient de sa part me demander le cheval dont il a un pressant besoin, et me présente, à l'appui de son affirmation, une fausse lettre dont il a eu soin de se munir pour mieux me tromper; je livre mon cheval; l'escroc qui se l'est ainsi procuré, le vend à un acheteur de bonne foi : puis-je le revendiquer? Si nous consultons l'esprit de la loi, nous n'hésiterons point, la revendication devra être admise, car notre hypothèse a la plus grande analogie avec le vol : n'est-il pas vrai, en effet, que le propriétaire qui a subi une escroquerie est tout aussi irréprochable que celui qui a été volé? L'erreur dans laquelle il a été induit est un de ces cas fortuits auxquels les hommes les plus diligents sont eux-mêmes soumis!—Que si, au contraire, nous nous attachons exclusivement au texte de la loi, la revendication ne sera pas possible; car *l'escroquerie* et le *vol* étant deux délits parfaitement distincts, on ne peut pas dire d'une chose *escroquée* qu'elle a été *volée*. Je crois, quant à moi, qu'il vaut mieux s'en tenir au texte. Ce serait réellement faire la loi, que d'attribuer au mot *vol* une extension que la définition qu'en donne la loi elle-même ne comporte pas.

.VI. *Résumé.*—La règle *en fait de meubles, la possession vaut titre*, ne s'applique ni aux meubles *incorporels*, ni aux *universalités* de meubles corporels ou incorporels (v. p. 99 et 100); elle n'a trait qu'aux meubles *corporels* et *individuels.*

Elle ne peut pas être invoquée :

1° Par les possesseurs de mauvaise foi ;

2° Par les détenteurs précaires, alors même qu'ils sont de bonne foi (V. p. 100) ;

3° Par ceux qui sont obligés personnellement à la restitution de la chose qu'ils possèdent, alors même qu'ils ignorent l'obligation dont ils sont tenus (V. p. 101).

Elle ne peut donc l'être que par ceux qui possèdent de bonne foi, en vertu d'un juste titre, et qu'on ne peut atteindre que par l'action en revendication, contre lesquels il n'existe aucune action personnelle.

Toutefois, alors même que ces conditions concourent, elle cesse d'être applicable si la chose possédée a été *volée* ou *perdue*. Dans ce cas, l'acheteur qui la possède peut en être évincé avec ou sans indemnité, suivant qu'il est dans ou en dehors de l'hypothèse prévue par l'article 2280.

Ceux qui n'ont pas droit au bénéfice de la règle en fait de meubles... peuvent-ils acquérir par la prescription le meuble qu'ils détiennent? Ne faut-il pas, à cet égard, faire une distinction ?

VII. *De la prescription des meubles dans les cas où la maxime en fait de meubles n'est pas applicable.* — Il faut ici faire plusieurs distinctions :

1° Les détenteurs *précaires*, tels que les dépositaires, emprunteurs, locataires et leurs héritiers ne prescrivent point, tant que leur possession est entachée du vice de précarité (V. p. 100 et 101);

2° Ceux qui ont acquis de bonne foi par achat, échange, donation ou tout autre juste titre, une chose volée ou perdue, la prescrivent par *trois ans*, qui courent du jour de la perte ou du vol (V. p. 102);

3° Quant à ceux qui n'ont point qualité pour invoquer la règle en fait de meubles..., soit parce qu'ils possèdent de mauvaise foi, soit parce qu'ils sont personnellement obligés à la restitution de la chose qu'ils possèdent, ils ne la peuvent acquérir que par la prescription de trente ans, conformément au droit commun.

Quel est le temps de cette prescription dans les cas où elle est possible?

—Cependant, en ce qui touche le *voleur*, une difficulté se présente. Lorsqu'un délit est commis, l'action *civile* se prescrit par le même laps de temps que l'action publique, c'est-à-dire par dix ans, trois ans ou un an, suivant qu'elle est née d'un crime, d'un délit proprement dit ou d'une contravention (art. 637, 638 et 640 C. instr. crim.); donc, dira-t-on, le voleur qui n'est pas recherché dans les dix ans, si le vol qu'il a commis constitue un crime, ou dans les trois ans, s'il ne constitue qu'un simple délit, ne peut plus être poursuivi par aucune action.

Quid, quant au voleur?

Peut-il encore être poursuivi en restitution de la chose volée après qu'il a prescrit l'action publique née de son délit?

Cette objection n'est pas juste. Elle repose sur une confusion entre l'action *civile* et l'action *en revendication*. L'action civile est celle qui a sa *source*, son principe, dans le délit même qui a été commis, car elle a pour objet la réparation du dommage qu'il a causé; or, l'action en *revendication* a sa source, son principe, dans la propriété; ce n'est pas le vol qui l'a engendrée; elle en est indépendante, et pour l'exercer il n'est pas le moins du monde nécessaire d'argumenter du vol à l'occasion duquel elle est née, d'en faire la preuve; on ne peut donc pas lui appliquer les articles 637 et 638 du Code d'instruction criminelle, qui déclarent l'action *civile* éteinte dès que l'action publique est prescrite.

Mais entendons-nous bien ! Si le voleur qui, après avoir prescrit l'action publique, est actionné en revendication, invoque la règle en fait de meubles, la possession vaut titre, le demandeur ne pourra pas le repousser en prouvant qu'il y a eu *vol*; car le voleur qui est couvert par la prescription ne peut, sous aucun rapport, être recherché à cet égard; le demandeur devra donc, s'il veut réussir, s'arranger de manière à prouver des faits de nature à établir la mauvaise foi du défendeur, mais insuffisants pour constituer le délit de vol. — Il sera bien difficile, je le reconnais, de prouver la mauvaise foi du défendeur sans prouver le vol; l'action en revendication réussira donc rarement, mais enfin il peut se rencontrer telle hypothèse où le demandeur pourra poser la question de manière que le succès de sa demande, tout en supposant la mauvaise foi du défendeur, ne le fera pas pourtant considérer comme *voleur*.

§ VI. DISPOSITION TRANSITOIRE.

« Les prescriptions commencées à l'époque de la promulgation du présent titre (25 mars 1804), seront réglées conformément aux anciennes lois.

« Néanmoins, les prescriptions alors commencées et pour lesquelles il faudrait encore, suivant les anciennes lois, plus de trente ans, à compter de la même époque, seront accomplies par ce laps de temps. »

Art. 2280.
Comment se règlent les prescriptions commencées à l'époque de la promulgation du Code ?

FIN.

TABLE DES MATIÈRES.

FIN DE LA TABLE.

Imprimerie de HENNUYER et Cᵉ, rue Lemercier, 24. Batignolles.

www.ingramcontent.com/pod-product-compliance
Ingram Content Group UK Ltd.
Pitfield, Milton Keynes, MK11 3LW, UK
UKHW022057070726
13613UKWH00002B/845